LOS ESENCIALES DE LA FILOSOFÍA

Director:
Manuel Garrido

Suma teológica mínima

SANTO TOMÁS DE AQUINO

Suma teológica mínima

*Los pasajes filosóficos esenciales de la Suma teológica
de Santo Tomás de Aquino*

EDITADOS Y EXPLICADOS POR
PETER KREEFT

TRADUCCIÓN DEL TEXTO DE PETER KREEFT
JULIO HERMOSO OLIVERAS

tecnos

Título original:

*A Shorter Summa. The Essential Philosophical Passages of
St. Thomas Aquinas Summa Theologica*

1.ª edición, 2014
Reimpresión, 2017
Reimpresión, 2022

© Los fragmentos de la *Suma de Teología* han sido extraídos de la
   traducción publicada por la Biblioteca de Autores Cristianos, en su
   cuarta edición de 2001, dirigida por los Regentes de Estudios de
   las Provincias Dominicas en España.
© edición y explicación de PETER KREEFT. *A Shorter Summa. The Essential Philosophical Passages of St. Thomas Aquinas Summa Theologica.* Ignatius Press, San Francisco, 1993.
© traducción del texto de Peter Kreeft: Julio Hermoso Oliveras, 2014
© EDITORIAL TECNOS (GRUPO ANAYA, S. A.), 2022
Juan Ignacio Luca de Tena, 15 - 28027 Madrid

PAPEL DE FIBRA
CERTIFICADA
ISBN: 978-84-309-5924-2
Depósito Legal: M-15-2014

Printed in Spain

Índice

Leer a Santo Tomás

Montones de libros hay de autores hegelianos o marxistas que uno solo puede entender, yendo algo más allá de lo trivial, después de haber leído y entendido, según el caso, a Hegel o a Marx. O dicho recíprocamente y por paradójico que parezca: la lectura de este par de grandes pensadores nos acerca más a la comprensión de muchos autores hegelianos y marxistas de lo que éstos nos acercan a la comprensión de sus maestros. El autor del presente libro, Peter Kreeft, sostiene que análoga paradoja nos sale al paso cuando contrastamos los textos de Santo Tomás de Aquino con los de muchos de sus numerosos seguidores. También en este caso la lectura directa de un gran pensador resulta bastante más provechosa en sí misma y para entender a sus secuaces que la de éstos para entenderlo a él.

De acuerdo, se dirá. Pero Hegel y Marx son grandes pensadores contemporáneos y ambos gozan hoy de notable prestigio intelectual incluso entre muchos de sus adversarios. Tomás de Aquino es también un gran pensador, pero el tiempo en que escribió fue la remota Edad Media; y, por otra parte, su filosofía está entremezclada con los dogmas de la religión católica, y de ahí que sólo un abultado sector de los católicos le reconozca hoy máxima autoridad intelectual. ¿Qué motivos hay para que un laico de nuestros días se anime a ponerse a leer en serio a Tomás de Aquino?

La síntesis tomista

El estadounidense Peter Kreeft, profesor universitario de filosofía, responde a esta pregunta con una serie de argumentos que enumera en su prefacio y el lector los juzgará. Yo diría que el mérito principal de Santo Tomás, o mejor, la principal medida de su grandeza, es algo que podemos medir por la grandeza de la síntesis del sistema filosófico por él aportado, que entraña un formidable equilibrio entre los dos grandes sistemas antagónicos del idealista Platón y el realista Aristóteles. La más genial simbolización pictórica de esta pareja de sistemas polarmente opuestos la encontramos en el cuadro de Rafael titulado *La escuela de Atenas*, en cuyo centro se alzan la figura del anciano Platón mirando al cielo con su diálogo *Timeo* entre las manos, junto a la del más joven y realista Aristóteles, que mira al suelo mientras sostiene entre las suyas un ejemplar de su *Ética*. Este cuadro fue pintado en el Renacimiento. Si teniéndolo en la mente revisamos toda la historia de la filosofía moderna y contemporánea hasta la segunda mitad del siglo XIX podríamos describir todo ese lapso de tiempo como un rotundo triunfo de Platón sobre Aristóteles. La corriente filosófica más poderosa del pensamiento moderno es el racionalismo idealista, de Descartes a Hegel. Y la mayor aportación de la ciencia moderna es la fisicomatemática de Copérnico, Galileo y Newton, para quienes el libro de la naturaleza está escrito con caracteres matemáticos, y de ahí que en la explicación de la estructura física del universo ellos prefirieran al inductivismo aristotélico o al baconiano el deductivismo matemático e idealista de Pitágoras y Platón.

En la Edad Media los textos de Aristóteles se fueron recuperando poco a poco, pero para el tiempo en que vivió Santo Tomás, que fue el siglo XIII, el cuerpo de obras aristotélicas era ya conocido en su totalidad, y el propio Tomás de Aquino tuvo ocasión de comentar las principales de ellas, como la *Metafísica* o la *Ética a Nicómaco*. En cambio los escritos de Platón fueron en su mayoría desconocidos hasta el Renacimiento. Pero el espíritu del idealismo platónico estuvo excepcionalmente bien representado desde los albores de la Edad Media, a través del neoplatonismo de Plotino, por San Agustín, el Platón cristiano. La proeza filosófica de Santo Tomás fue armonizar el naturalismo racionalista de Aristóteles con el platonismo agustiniano. La originalidad de su postura sobresale cuando reparamos en la doble animadversión que suscitó en sus contemporáneos. Por una parte tuvo enseguida enfrente a franciscanos y agustinos, que preferían una filosofía con déficit de racionalismo aristotélico, consecuentemente más plegable y predispuesta a obedecer a los intereses dogmáticos del cristianismo y la teología revelada. Pero, por otra parte, es bien conocida la dureza con que combatió Santo Tomás al averroísmo, que postulaba para la filosofía un plus de racionalismo aristotélico que la hacía difícilmente compatible con cualquier revelación religiosa. Ese bien trabado, pero tenso, equilibrio entre el racionalismo naturalista de Aristóteles y el idealismo espiritualista de Platón fue seguramente la principal aportación de Santo Tomás de Aquino a la historia del pensamiento occidental. Pero otro alarde de similar equilibrio fue su teoría de las relaciones entre la razón natural y la fe religiosa.

¿Cómo empezar a leer a Santo Tomás?

Es opinión general que la obra más adecuada para entrar inicialmente en contacto con el pensamiento de Santo Tomás de Aquino es su celebérrima *Summa theologiae* (*Suma de teología* o *Suma teológica*), un tratado de teología de descomunal extensión pero que él escribió precisamente para enseñar a los párvulos en esa materia [o por utilizar sus propias palabras: *ut incipientes erudire* (literalmente: «para instruir a los principiantes»)]*.

---

* No deja de ser llamativa la circunstancia de que Santo Tomás escribiera este tratado filosófico-teológico para principiantes al final de su vida, después

Ahora bien, la *Suma teológica* totaliza varios miles de páginas de las cuales unas encierran contenidos más propiamente
filosóficos y otras cuestiones más propiamente teológicas. Para
ponerla más al alcance de los alumnos y de las personas in-
teresadas Peter Kreeft editó en 1990 con el título de *Summa
of the Summa* (*Suma de la Suma*) un volumen de menos de
500 páginas en el que seleccionó los principales contenidos
filosóficos de la *Suma teológica*. Animado por el éxito de ese
volumen, y con la intención de poner el pensamiento de Santo
Tomás al alcance de los estudiantes más párvulos e incluso del
más sencillo hombre de la calle, Kreeft editó años después el
presente librito, mucho más elemental y reducido, que consiste
en una selección de los contenidos de la anterior *Suma de la
Suma*, que ni siquiera llega a los dos centenares de páginas.

La *Suma teológica* consta de tres partes, de las cuales la
segunda, más extensa que las otras, se subdivide a su vez en
otras dos. La primera parte investiga la existencia y naturaleza
de Dios desde el exclusivo punto de vista de la razón filosófica.
La segunda trata del universo mundo y del protagonista del mismo, que es el hombre, al que analiza a fondo. Toca temas, por
tanto, de física, biología, antropología y psicología filosóficas
y, más por extenso, de ética o filosofía moral y en todos ellos es
palmaria la inspiración aristotélica. La tercera parte de la *Suma
teológica* es sobre todo teología revelada y de ella prescinde
consecuentemente Kreeft en sus selecciones. La presente *Suma
mínima* reúne, pues, las páginas más esenciales del pensamiento filosófico de Santo Tomás de Aquino. Paseando su mirada por

de haber escrito en fase anterior otro algo menos extenso, la *Summa contra
Gentiles* (*Suma contra los gentiles*), que iba dirigido contra los grandes pensadores no cristianos de su tiempo. Más llamativo aún es el hecho de que
Tomás de Aquino, igual que Nietzsche, sólo pudo disponer de veinte años
para escribir una obra copiosísima. Nietzsche perdió la razón a los 44 y Santo
Tomás perdió la vida a los 49, y sin embargo la cantidad y calidad de la obra
escrita por ambos es abrumadora. Valga como muestra en el caso de Santo
Tomás el detalle, observado por Kenny, de que sólo una de sus obras, la *Suma
contra los gentiles*, menos extensa que la *Suma teológica*, supera en sesenta
mil palabras la extensión de las obras completas de Berkeley.

ellas el lector podrá saborear de primera mano, en fragmentos sacados ciertamente de contexto, pero contextualizados cada uno de ellos por un breve e inteligente sistema de notas del autor de este breviario tomista, inmortales pasajes como las legendarias cinco vías demostrativas de la existencia de Dios o la teoría de las virtudes morales, que se funda en los desarrollos de la *Ética a Nicómaco* de Aristóteles a los que en parte supera. Es verdad que los resultados de la ciencia moderna han problematizado el valor demostrativo de las conclusiones de las cinco vías, y que la mecánica de Galileo en el siglo XVI y la biología evolucionista de Darwin y la lógica matemática de Frege en la segunda mitad del XIX han convertido en muy buena parte en obsoletas la física, la biología y la lógica de Aristóteles, en las que se inspiró Tomás de Aquino. Pero si se toma en serio la revolucionaria propuesta formulada en nuestros días por Alasdair McIntyre, según la cual el proyecto ético de la Ilustración ha fracasado por completo y se impone en filosofía moral un retorno a la olvidada ética de la virtud, creada por Aristóteles y amplificada y desarrollada por Santo Tomás, debe satisfacerle al lector saber que el mejor tratamiento hasta ahora escrito de las virtudes morales se encuentra en la segunda subparte de la parte segunda de la *Suma teológica*. De ninguna manera pierde el tiempo leyendo los pasajes correspondientes en el presente catecismo de la filosofía de Tomás de Aquino.

Las vicisitudes históricas del tomismo

El pensamiento de Santo Tomás de Aquino no se vio, ni mucho menos, inmediatamente coronado por el éxito. Poco después de su fallecimiento muchas de las tesis por él defendidas fueron condenadas, aunque luego rehabilitadas, por el Papa. Los ataques de sus adversarios, los seguidores de San Agustín, de San Buenaventura, de Duns Scoto o de Occam, que veían en el racionalismo naturalista de Aristóteles un estorbo para la teología de la revelación cristiana, fueron y siguieron siendo incesantes. Fue finalmente una encíclica pontificia, la *Aeterni patris* de León XIII, ya en las postrimerías del siglo XIX, en

1879, la que entronizó la doctrina tomista como pensamiento oficialmente preferente de la Iglesia católica, lo cual ha aumentado por una parte de manera espectacular su promoción y su influencia, aunque provoca, por otra, natural desconfianza en los pensadores no creyentes. El retorno, impulsado por la *Aeterni patris*, al pensamiento de Santo Tomás vino a coincidir en el tiempo con las radicales críticas que le llovieron por esos mismos años al idealismo. El triunfo del vitalismo de Nietzsche o Bergson y del pensamiento materialista de Marx contribuyeron a desacreditar esa poderosísima corriente (recuérdese, por ejemplo, el libro publicado por Lenin en 1908 con el título *Materialismo y empiriocriticismo*). Por otra parte la obra de Franz Brentano —inicialmente sacerdote católico, aunque abandonaría por esos mismos años esta doble condición con motivo del primer Concilio Vaticano— significó un importantísimo retorno al pensamiento realista de Aristóteles que ha influido decisivamente en las mejores mentes filosóficas del siglo xx, entre ellas Husserl, Heidegger y Ortega. Las primeras generaciones de tomistas después de promulgada la *Aeterni patris* continuaron, sin embargo, rindiendo un cierto tributo al idealismo neokantiano en teoría del conocimiento, un tributo al que pusieron fin, ya entrado el siglo xx, tomistas de nueva generación como Gilson o Maritain. Después del segundo Concilio Vaticano la autoridad de Santo Tomás en la Iglesia católica parece haber dado bastante más de un paso atrás, aunque no faltan importantes y revolucionarios renovadores del tomismo, entre los cuales destaca Alasdair McIntyre. En su reciente libro *After Aquinas* (*Después de Santo Tomás*), el dominico británico Fergus Kerr sostiene que lo que más interesa hoy de Tomás de Aquino no es tanto el tenso equilibrio de su sistema de pensamiento como las múltiples amenazas de rupturas y desequilibrios, parciales o totales, que perpetuamente generan los factores en tensión que integran ese sistema.

Manuel Garrido

Prefacio

Ésta es una versión resumida de *Summa of the Summa* *(Suma de la Suma)*, que a su vez era una versión abreviada de la *Suma de Teología* (o *Suma teológica*). La razón para este doble resumen resulta bastante obvia: el original ronda las tres mil páginas (*Summa of the Summa* apenas superaba las quinientas).

La *Suma* es ciertamente el mayor libro de teología, el más ambicioso y más racional jamás escrito. En él hay también mucha filosofía, que ha sido aquí seleccionada, extraída, editada, presentada y explicada en notas al pie.

Santo Tomás es la expresión de la mente medieval por excelencia, y no conocerlo equivale a ignorar el avance intelectual más importante entre el año 384 a.C. (la muerte de Aristóteles) y el año 1637 d.C. (la publicación del *Discurso del método* de Descartes), más de dos mil años.

Esta pequeña obra ha sido ideada para principiantes, ya sea para su uso en las aulas o a título personal. Contiene las muestras más famosas e influyentes de la filosofía de Santo Tomás con una gran cantidad de elementos de ayuda para su entendimiento, tal y como se explica en la introducción —más extensa— que sigue a este prefacio.

Introducción

No me veo capaz de emitir un juicio acerca de la *Suma*, excepto para decir lo siguiente: la leo todas las noches antes de irme a la cama. Si en ese momento entrase mi madre y dijese, «Apaga la luz. Es tarde», yo, con un dedo admonitorio y un obvio semblante tan soso como beatífico, contestaría: «En cambio, hay que decir: que la luz, en su condición eterna e ilimitada, no se puede apagar. Cierra tú los ojos», o algo por el estilo. En cualquier caso, me da la sensación de que puedo garantizar personalmente que Santo Tomás amaba a Dios, pues por mi vida que yo no puedo dejar de amar a Santo Tomás.

FLANNERY O'CONNOR, *El hábito de ser*

I. ACERCA DE SANTO TOMÁS

Santo Tomás de Aquino es ciertamente uno de los filósofos más grandes de la historia (en mi opinión, el más grande) al menos por ocho razones: veracidad, sentido común, pragmatismo, claridad, profundidad, ortodoxia, medievalismo y modernidad.

Apoteosis de santo Tomás de Aquino de Francisco de Zurbarán. En este lienzo, el santo, revestido con los hábitos de la orden fundada por santo Domingo, muestra en su mano izquierda un ejemplar de la *Suma Teológica* inspirada por el Espíritu Santo y bendecida por la corte celestial que corona la composición. Flanqueando al estudioso italiano están representados, a derecha e izquierda, los cuatro grandes doctores de la Iglesia: san Ambrosio, san Gregorio, san Jerónimo y san Agustín, mientras a sus pies le rinden homenaje el emperador Carlos V y la curia de la orden dominica. Se podría afirmar que la extraordinaria calidad de esta pintura está en justa correspondencia con la dimensión intelectual que para el catolicismo y la cultura occidental tiene la obra que se abre a continuación. © Martin, Joseph / Anaya.

La primera, y la más simple, que decía la verdad, ese propósito de la filosofía que es tan sencillo, que tan poco se estila y que tan a menudo se amaña (se «matiza») o se olvida hoy día. La siguiente cita debería hallarse cincelada en las puertas de todo departamento de filosofía del mundo: «El estudio de la filosofía no es el estudio de lo que han opinado los hombres, sino de aquello que es verdad».

La segunda: dice Descartes que lo único que aprendió y se le quedó grabado sobre la filosofía en la universidad consistía en que uno no era capaz de imaginar una teoría que, por estrambótica o increíble que fuera, no la hubiese enseñado en serio un filósofo u otro. Lo que ya era cierto en 1637 es cierto hoy por triplicado. Santo Tomás, sin embargo, es el maestro del sentido común. Posee una asombrosa habilidad para olfatear la postura que resulta correcta de manera obvia entre un centenar de posturas incorrectas. Esto sigue siendo especialmente cierto en la ética, el verdadero examen de un filósofo. Algunos grandes filósofos como Descartes, Hegel y Heidegger no cuentan con una ética de la filosofía en absoluto. Otros, como Hobbes, Hume, Kant y Nietzsche, poseen una ética que resulta imposible vivir, así de simple. Santo Tomás es tan práctico, llano y razonable en la ética como Aristóteles, Confucio o tu propio tío.

La tercera: Santo Tomás era un maestro de la metafísica y de la terminología técnica; sin embargo, fue también un hombre con los pies en la tierra, hasta el extremo de que en su lecho de muerte hablaba de tres cosas: un comentario sobre el *Cantar de los cantares*, un tratado sobre acueductos y un plato de arenque. Gente común, papas y reyes le escribían para pedirle consejo, y siempre obtenían respuestas de una sabiduría bien fundamentada. No sé de nadie que, desde San Pablo, se hallase en posesión al tiempo de tanta sabiduría teórica y práctica.

La cuarta: quienes aman la verdad con apasionamiento suelen amar también la sencillez y la claridad en el estilo, de manera que la mayor cantidad posible de gente se pueda beneficiar de algo tan valioso: la Verdad. El padre Norris Clarke, S. J. de la Fordham University, la mente más similar a la del Aquinate que yo conozco de entre todos los hombres sobre la faz de la tierra, dice que hay tres tipos de filósofos: quienes parecen claros en un principio pero se van volviendo más y más oscuros lectura tras lectura; quienes pueden parecer en un principio oscuros pero se vuelven más y más claros lectura tras lectura (Santo Tomás es el principal ejemplo de esta clase); y quienes de primeras parecen oscuros y oscuros se quedan.

Santo Tomás apuntaba únicamente hacia la luz, no hacia el calor. En la *Suma* no hay nada personal prácticamente nunca, no hay retórica, ningún recurso a lo irracional; nada excepto lucidez.

La quinta: y profundidad; ningún filósofo desde Santo Tomás ha conseguido aunar con tanto éxito los dos ideales fundamentales del texto filosófico: claridad y profundidad. La filosofía europea continental ha buscado y a veces hallado la profundidad a base de concentrarse en las cuestiones realmente fundamentales, si bien a expensas de la claridad. La filosofía inglesa ha buscado y a menudo encontrado la claridad, pero a expensas de la profundidad, y se ha centrado en cuestiones lingüísticas de segundo orden en lugar de las preguntas que se hace el ser humano medio: Dios, el hombre, la vida, la muerte, el bien y el mal.

La sexta razón de la grandeza de Santo Tomás resulta decisiva sólo para los católicos, aunque como mínimo debería serlo para absolutamente todos los católicos: conforme a la propia autoridad doctrinal de la Iglesia (y ser católico significa creer en tal cosa), Santo Tomás es el primer Doctor de la Iglesia en materia teológica. Durante sus sesiones, el Concilio de Trento situó la *Suma* en el altar mayor, sólo por debajo de la Biblia. En *Aeterni Patris* (1879), León XIII exhorta a todos los maestros católicos a que «renovéis y propaguéis latísimamente la áurea sabiduría de Santo Tomás [...] y pongan en evidencia su solidez y excelencia sobre todas las demás».

Incluso los no católicos habrán de dirigirse a Santo Tomás para entender la teología y filosofía católicas. Jamás se comprenderá una filosofía a partir de sus críticos o sus disidentes. En cuatro facultades y universidades, nunca he tenido un curso que haya resultado bueno —acerca de ningún filosofo (incluidos aquellos con los que estoy en desacuerdo)— a partir de un crítico, y jamás uno que haya carecido de valor a partir de un discípulo.

La séptima: Santo Tomás resultó crucial para el medievo. Realizó más que ningún otro ese programa esencial de la Edad Media consistente en el maridaje de fe y razón, revelación y filosofía, las herencias bíblica y clásica. Y al hacerlo, mantuvo la unidad en el alma intelectual de la civilización del medievo, que en el siglo en que le tocó a él vivir amenazaba con partirse por la mitad como un navío azotado por las gigantescas olas de la división, provocadas fundamentalmente por el redescubrimiento de las obras de Aristóteles y la polarización de las reacciones en la terrible caza de herejes a cargo de los tradicionalistas, y en la transigencia tan en boga de los modernistas. Santo Tomás surge como un fulgurante ejemplo de una alternativa tanto a los fundamentalistas como a los liberales de su época y de cualquier otra época.

Se podrá no coincidir en que Santo Tomás sea el filósofo más grande de la historia, pero sí en que es ciertamente el filósofo más grande en ese período de dos mil años que transcurren desde Aristóteles a Descartes. Representa la mente medieval por excelencia, y la Edad Media es el origen de todas las corrientes divergentes del mundo moderno, como una madre cuyos numerosos hijos siguen sus propios y diversos caminos.

Santo Tomás no sólo representa una unidad de unos ingredientes que más tarde se separarían, sino también la unidad de unos ingredientes que ya existían por separado antes de él. Al leer a Santo Tomás, uno se encuentra también con Tales, Parménides, Heráclito, Sócrates, Platón, Aristóteles, Plotino, Proclo, Justino, Clemente, Agustín, Boecio, Dionisio, Anselmo, Abelardo, Alberto, Maimónides y Avicena. Por un breve instante al más puro estilo camelotiano, parecía que la síntesis era posible. Desde entonces, nuestro fracturado mundo no ha dejado de rezar un «perdónanos nuestras síntesis».

La octava: por último, Santo Tomás es importante hoy para nosotros precisamente por nuestras carencias. La verdad intemporal resulta siempre oportuna, por supuesto, pero ciertos aspectos de la verdad son especialmente necesarios en determinadas épocas, y parece que la nuestra necesita de manera desesperada siete síntesis tomistas: 1) de fe y razón, 2) de las herencias bíblica y clásica, judeocristiana y grecorromana, 3) de los ideales de claridad y profundidad, 4) del sentido común y la sofisticación técnica, 5) de teoría y práctica, 6) de una visión intuitiva, comprensiva, y una lógica precisa, exigente y 7) del uno y los muchos, una unidad cósmica o «panorama a gran escala» y distinciones cuidadosamente organizadas. No considero en absoluto descabellado decir que nadie más en la historia del pensamiento humano ha logrado mejor que Santo Tomás no sólo uno, sino estos siete maridajes que son esenciales para la felicidad y la salud mental.

A los pinceles del genial Diego Velázquez debemos la recreación de uno de los más famosos episodios de la vida del santo de Aquino en sus años juveniles y que nos ilustra sobre la fortaleza de su espíritu: su rechazo a la tentación de la carne llevada a cabo por una prostituta al servicio del maligno. El leño ardiente con el que amenazó a la meretriz, que huye por la puerta del fondo, permanece en el suelo de la estancia mientras uno de los ángeles enviados por el Señor consuela al afligido novicio y el otro se prepara para ceñirle la blanca cinta de la castidad. La pintura se conserva en el Museo Diocesano de Arte Sacro de Orihuela en Alicante. © Anaya.

Por alguna razón, mucha gente parece sentirse tan ame-
nazada por Santo Tomás que al instante etiquetan cualquier
admiración hacia su figura, cualquier utilización o aprendizaje
de él como faltos de inspiración y de originalidad, y como
autoritarios, algo que no hacen con ningún otro pensador. Por
supuesto que Santo Tomás no puede ser la única razón de ser de
nuestro pensamiento. No puede ser un fin, pero sí un principio,
igual que Sócrates. Por supuesto que debemos ir más allá de él
y no limitar nuestro pensamiento al suyo de una manera ser-
vil. Pero no hay mejor cimentación para el edificio de nuestro
pensamiento.

II. ACERCA DE LA *SUMA DE TEOLOGÍA*

Muchos teólogos y filósofos coetáneos de Santo Tomás es-
cribieron «Sumas». Una suma no es más que un resumen. Se
parece más a una enciclopedia que a un libro de texto, y está
pensada para un uso que se asemeja más al de una biblioteca
de referencia que al de un libro. Es de una eficiencia extrema
en el uso de las palabras. No contiene digresiones, y las ilustra-
ciones escasean. Todo es muy «básico», un estilo que debería
de resultar atractivo a los atareados ojos modernos.

Los medievales sentían pasión por el orden, ya que creían
que Dios había sentido pasión por el orden cuando diseñó el
universo, de manera que una suma se encuentra ordenada y
diseñada con un cuidado primoroso. Aun así, y aunque sea
muy sistemática, una suma no es un «sistema» en el sentido
moderno del término, un sistema cerrado y deductivo como los
de Descartes, Spinoza, Leibniz o Hegel. Utiliza la inducción
y la deducción, y sus datos proceden tanto de la experiencia
ordinaria como de la revelación divina al igual que los axiomas
filosóficos («primeros principios»).

En realidad, una suma es un debate resumido. Para la mente
medieval el debate era una de las bellas artes, una ciencia muy
seria y un entretenimiento fascinante, mucho más de lo que
lo es para la mente moderna, ya que los medievales creían, al
igual que Sócrates, que la dialéctica podía descubrir la verdad.

De ese modo, una «disputa escolástica» no era un concurso de inteligencia individual, ni tampoco consistía en «compartir opiniones»; era un viaje de descubrimiento en común. Las «objeciones» de la otra parte se han de tomar muy en serio en una suma. No son farsas que uno pueda derribar con facilidad, sino verdaderas opciones que han de ser tomadas en consideración y de las cuales se ha de aprender. Santo Tomás encuentra casi siempre alguna verdad importante oculta en cada objeción, que distingue de su error de manera cuidadosa, pues él no sólo creía que había un Lugar de absoluta verdad, sino también que había algo de verdad en todas partes.

Desde los orígenes del cristianismo la simbología de la letras griegas Alfa y Omega, como las que aparecen en esta página miniada del Beato de la catedral de Girona, sitúan la divinidad de Cristo como el principio y fin de todas las cosas. De la misma manera la *Suma Teológica* de Santo Tomás se nos muestra como una gran obra que desde la cima de la inteligencia humana logra entender, con extraordinaria humildad, la magnitud inalcanzable de la creación divina. © Martin, Joseph / Anaya.

El diseño estructural de la *Suma de Teología* es un espejo del diseño estructural de la realidad. Comienza en Dios, que se halla en «el principio». A continuación procede al acto de la creación y a una valoración de las criaturas, centrada en el hombre, que es el único creado a imagen de Dios. Pasa después al retorno del hombre a Dios a través de su vida de elecciones morales y religiosas, y culmina en la vía o los medios para tal fin: Cristo y su Iglesia. De este modo, el esquema general de la *Suma*, como el del universo, es un *exitus-redditus*, una salida de Dios y un retorno a Dios, que es Alfa y Omega. Dios es el corazón ontológico que bombea la sangre del ser a través de las arterias de la creación en el cuerpo del universo, que muestra un rostro humano, y la recibe de regreso a través de las venas de una vida de amor y voluntad del hombre. La estructura de la *Suma*, y la del universo, es dinámica. No es como la información en una biblioteca, sino como la sangre en un cuerpo.

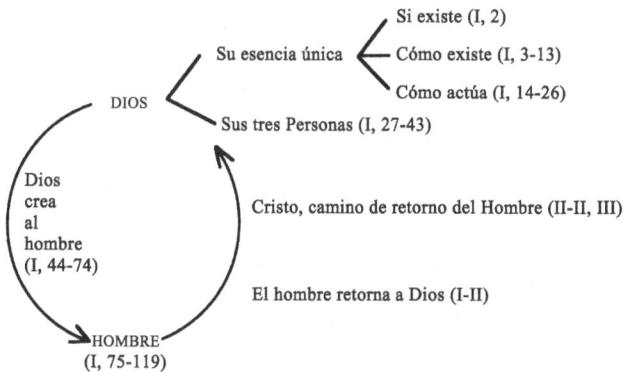

Es esencial tener en mente este «panorama a gran escala» al leer la *Suma*, dado que hay tal cantidad de detalles que resulta tentador concentrarse en ellos y perder el sentido del lugar que ocupan y su orden. Santo Tomás jamás hace tal cosa; tiene un estilo atomizado y cortado, pero su visión es continua y omnicomprensiva.

¿Por qué tiene un estilo cortado? Santo Tomás trocea su prosa en fragmentos masticables, del mismo modo que una madre le trocea el filete a su hijo pequeño en porciones masticables. La *Suma* perdería gran parte de su claridad y su digestibilidad si se encontrase homogeneizada en una prosa continua, como un cocido aguado (hay una versión británica reciente que ha hecho justo eso).

La mejor preparación para leer la *Suma* consiste en revisar la lógica más básica, la del sentido común, es decir, la lógica aristotélica, en especial los «tres actos de la mente», como los denominaron en la Edad Media: la aprehensión, el juicio y el raciocinio, con sus respectivas expresiones lógicas: términos, proposiciones y argumentos. El lector se sentirá constantemente confundido si en primer lugar no posee una idea muy clara de las diferencias entre los términos (que son claros o son confusos), las proposiciones (que son verdaderas o falsas) y los argumentos (que son válidos o inválidos desde el punto de vista de la lógica). También habrá de contar con una idea clara de la estructura de un silogismo, la forma básica de argumento deductivo, que conecta los términos del sujeto y el predicado de su conclusión a través de la base o término medio en sus dos premisas, la primera de las cuales (la premisa mayor) afirma un principio general, y la segunda (la premisa menor) somete un caso particular a tal principio. La conclusión demuestra entonces el resultado de la aplicación del principio general al caso particular.

También resulta esencial un conocimiento de las ideas básicas y los términos técnicos de la filosofía de Aristóteles, que Santo Tomás utiliza como su lenguaje filosófico. Para principiantes recomiendo el increíblemente claro *Aristotle for everybody*, de Mortimer Adler, y para estudiantes de nivel intermedio, la obra de W. D. Ross en un solo volumen, *Aristotle*.

La *Suma de Teología* se encuentra dividida en cuatro partes generales (I, I-II, II-II y III). Cada parte está dividida en tratados (por ejemplo, «Tratado de la creación», «Tratado del hombre», «Tratado de la ley»). Cada tratado se divide en «cuestiones» numeradas, o temas generales dentro de la temática del tratado (por ejemplo, «Sobre la simplicidad de Dios», «Sobre la relación de los ángeles con lo corporal», «De los efectos del amor»). Por último, cada «cuestión» se encuentra dividida en «artículos» numerados. El «artículo» es la unidad básica de pensamiento de la *Suma*. Lo que hoy entendemos por «artículo» —un ensayo— es lo que Santo Tomás entiende por «cuestión», y lo que nosotros entendemos por «cuestión» —una frase única, interrogativa y específica— es lo que él entiende por «artículo», por ejemplo: «¿Existe o no existe Dios?», «En Dios, ¿están o no están las perfecciones de todas las cosas?», ¿Es la tristeza lo mismo que el dolor?».

Cada artículo se inicia con una formulación simple en su título, de tal manera que sólo hay dos posibles respuestas: sí o no. Santo Tomás hace esto no porque crea que la filosofía o la teología sean tan simples como un examen tipo test, sino porque lo que desea plantear son temas finitos y decidibles, exactamente igual que hacen al formular sus conclusiones los participantes en un debate. Existe un número infinito de respuestas a una pregunta como «¿Qué es Dios?», y si Santo Tomás hubiese formulado sus cuestiones de esa manera, en lugar de tres mil, la *Suma* hubiese podido tener tres millones de páginas. En cambio, él pregunta: «Dios, ¿es o no es cuerpo?». Es posible decidir y demostrar que una de las dos respuestas posibles es falsa (sí) y, por tanto, la otra es verdadera (no).

Cada artículo consta de cinco partes estructurales: primero, la pregunta se formula en un formato de sí o no, como acabamos de explicar, que en el original se inicia con la palabra *utrum* («sí o no», por ejemplo, «¿es o no es?).

Segundo, Santo Tomás enumera un lista de objeciones (tres, por lo general) a la respuesta que él dará. En apariencia, estas objeciones son demostraciones de la respuesta contraria, el otro lado de la mesa del debate. Estas objeciones se inician con la fórmula «por las que parece que…» (*videtur quod*), y deben ser argumentos, no simples opiniones, dado que uno de los principios básicos de cualquier debate inteligente (tristemente olvidado en todos los medios modernos de comunicación) es que los participantes han de ofrecer razones de peso para cada opinión discutible que expresen. Las objeciones se han de tomar en serio, como verdad aparente. A quienquiera que busque

los argumentos más sólidos posibles en contra de cualquier idea
de Santo Tomás le costará encontrar alguno más contundente y
con una argumentación más sólida que los que ofrece el propio
Santo Tomás en las objeciones. Se muestra extremadamente
justo con todos sus oponentes. Si no me equivoco, sólo men-
ciona a uno por su nombre en toda la *Suma*, cuando habla del
error de David de Dinant, «el cual, torpemente, propuso» la
idea de que Dios era indistinguible de la materia prima, o pura
potencialidad, una idea no muy alejada de la de Hegel y los
«teólogos del proceso» modernos (véase S.T. I, 3, 8).

Tercero, Santo Tomás indica su propia postura con la fórmula
«en cambio...» (*sed contra*). El breve argumento que sigue aquí
a la afirmación de su postura suele proceder de una fuente de
autoridad, es decir, las Sagradas Escrituras, los Padres de la Iglesia u otros hombres de reconocida sabiduría. En el medievo era
de sobra conocida la máxima de que «el argumento desde la
autoridad es el más débil de los argumentos» (véase S.T. I, 1, 8,
obj. 2), pero también creían en hacer su trabajo y aprender de
sus ancestros, dos hábitos que haríamos bien en cultivar hoy día.

La cuarta parte, «hay que decir» (*respondeo dicens*), constituye el cuerpo del artículo. Es aquí donde Santo Tomás demuestra su propia postura, suele añadir aclaraciones de fondo
que resultan necesarias y, de paso, establece las distinciones que
son de rigor. La manera más fácil (aunque no la más emocio-
nante) de leer un artículo de la *Suma* es leer primero esta parte.

En quinto y último lugar, hay que prestar atención y responder a todas y cada una de las objeciones, y no basta con
limitarse a repetir simplemente el argumento para demostrar la
conclusión contraria, pues tal cosa ya se ha hecho en el cuerpo del artículo, sino por medio de una explicación acerca de
dónde y cómo se equivoca la objeción, es decir, distinguiendo
la verdad de la falsedad en cada una de las objeciones.

Ninguno de estos cinco pasos se puede omitir si queremos
disponer de un fundamento sólido para resolver una cuestión
controvertida. Si nuestra pregunta se formula de una manera
vaga o confusa, nuestra respuesta se formulará de igual modo.
Si no tomamos en consideración los puntos de vista contrarios,
nos estaremos batiendo sin oponente y nos veremos lanzando

el puño al aire. Si no hacemos nuestro trabajo, apenas rascaremos lo más superficial de nuestro ser. Si no demostramos nuestras tesis, somos dogmáticos, no críticos. Y si no entendemos y refutamos a nuestros oponentes, nos quedamos con la acuciante duda de haber pasado algo por alto y no haber puesto punto final a la contienda.

Al igual que un diálogo socrático para Platón, este método medieval de filosofar resultó muy fructífero en su época, para —a continuación— ser abandonado, en especial en nuestros días. Ése es uno de los misterios sin resolver del pensamiento occidental: desde luego que los árboles metodológicos socrático y tomista pueden dar aún mucho y buen fruto. Lo que se interpone quizá sean nuestra manía de ser originales y el orgullo de nuestra negativa a ser el aprendiz de nadie. Yo, por mi parte, estaría encantadísimo de ser el aprendiz de Tomás de Aquino, o de Sócrates.

III. ACERCA DE ESTE LIBRO

A. *Su necesidad*. Este libro difiere de todos los demás sobre Santo Tomás porque cuenta con todas y cada una de las cuatro características siguientes: 1) es una antología de las propias palabras de Santo Tomás, no un libro de texto o una fuente secundaria. 2) Utiliza la antigua traducción literal de los padres dominicos, publicada originalmente en los Estados Unidos por los hermanos Benziger*, en lugar de recurrir al pavoneo de las paráfrasis de ciertos traductores posteriores no literales que sucumbieron al ansia de insertar sus propias interpretaciones y su propio estilo entre el autor y el lector. Espero que al lector moderno le resulte más interesante que molesta tanto la an-

---

* El autor se refiere a la traducción al inglés utilizada en el texto original de esta obra. Para esta versión en español se ha empleado la traducción equivalente, también literal y también a cargo de los padres dominicos, publicada en España por la Biblioteca de Autores Cristianos en cinco tomos entre 1988 y 1994. [*N. del T.*]

ticuada literalidad formal de la traducción como su también anticuada forma de puntuar. 3) Se limita única y exclusivamente a la *Suma* (pues un único libro constituye una unidad en cuanto obra de arte); y, de lo más importante. 4) Este libro está repleto de notas explicativas a pie de página (más adelante volveremos sobre este tema).

Hay algunos libros excelentes sobre Santo Tomás, tales como los de Chesterton, Gilson, Maritain, Pieper y McInerney, pero no hay nada que pueda sustituir a la propia fuente primaria. A las fuentes secundarias, libros sin Santo Tomás, siempre les falta algo crucial; tal cosa jamás le sucede a Santo Tomás sin ellos.

Resulta aún más sencillo entender a Santo Tomás que entender algunos libros sobre Santo Tomás. Tomás es más claro que los tomistas. Habré leído de cincuenta a sesenta libros sobre Santo Tomás, y no llegué a entenderlo o valorarlo realmente hasta que hube leído mucho de lo escrito por él mismo. Me resulta más fácil entender a los tomistas a través de Santo Tomás que a Tomás a través de los tomistas. La fuente primaria arroja más luz sobre las fuentes secundarias que estas secundarias sobre la fuente primaria.

Una parte de la razón de que esto suceda es que el hábito de claridad mental de Santo Tomás se contagia mejor a partir de un contacto directo y prolongado con sus obras. Yo mismo sentí una mejora notable en mi agudeza y orden mental después de llevar a cabo una serie de lecturas lentas y extensas de Santo Tomás. Los hábitos del Maestro se contagian a sus aprendices, siempre que éstos conserven el buen sentido de mantenerse junto a él.

Se han escrito más disertaciones doctorales sobre Santo Tomás que sobre cualquier otro filósofo o teólogo de la historia. La enseñanza del tomismo estuvo muy extendida tanto en escuelas católicas como no católicas hasta la llegada de los años sesenta y sus bobadas, cuando todo lo que contaba con una edad superior a los treinta cayó presa de las fauces del woodstockismo. El noventa y nueve por ciento de los libros escritos en el siglo xx sobre Santo Tomás ha sido descatalogado. Sin embargo, ahora asistimos a una modesta si bien estable resurrección del interés en este filósofo y de los libros sobre él, una tendencia a la cual esta obra se suma con una gran alegría.

B. *Su formato*. Las buenas antologías, al contrario que la buena cirugía, tienen que extirpar mucho tejido sano. Con la idea de conservar el tamaño reducido y la manejabilidad de este volumen, hube de ser extremadamente selectivo con las tres mil páginas de la *Suma*. El principio rector a la hora de escoger los pasajes que incluiría ha sido la probabilidad de su uso, tanto en el aula por estudiantes y profesores, como por lectores individuales con un nivel general de inteligencia pero sin el trasfondo profesional del filósofo o el teólogo. A tal fin, he incluido únicamente pasajes que al tiempo 1) son de una importancia intrínseca y 2) no son técnicos en exceso, lo suficiente para resultar inteligibles para el lector moderno. En el caso de los pasajes importantes y técnicos, he incluido también notas explicativas a pie de página.

Muchas —pero no todas— de las objeciones que Santo Tomás enumera y responde se han omitido a causa de su falta de actualidad o porque ya no preocupan a los filósofos de hoy en día. Las objeciones constituían temas de un verdadero debate, real, en la época de Santo Tomás, y algunas de ellas deberían ser lo mismo para nosotros. No se han omitido todas porque no todas son temas superados, en absoluto, y también porque es esencial ver la forma de la *Suma* como un diálogo real, vivo, un debate resumido y estructurado en lugar de un monólogo o un arsenal intelectual parcial.

He omitido también todos aquellos temas que caben dentro de un aula de teología, pero no de filosofía, es decir, la teología revelada como algo distinto de la teología filosófica, racional. Esto ha significado omitir la Parte III al completo. La *Suma*, por supuesto, es una obra de teología más que de filosofía, pero resulta apropiada para estudiarla en un aula de filosofía 1) porque se ocupa de muchos temas aparte de Dios (por ejemplo, el hombre, el conocimiento o la moralidad), y 2) porque aun cuando trata de Dios, utiliza argumentos estrictamente filosóficos, racionales, basados en principios lógicos y datos empíricos con la misma frecuencia que recurre a los datos de la revelación divina aceptados por la fe; y Santo Tomás deja siempre bastante clara la distinción entre estos dos métodos de conocimiento.

En una de las puertas que dan acceso a biblioteca vieja de la universidad salmantina el pintor Martín de Cervera representó el ambiente de las aulas universitarias del Estudio salmantino en los inicios del siglo XVII. Durante siglos la escolástica completada por la fuerza del tomismo fue decisiva como escuela filosófica y teológica en la formación de las elites intelectuales de toda Europa.

© Anaya.

La característica más importante del formato son las notas al pie. Constituyen un intento por salvar el abismo entre un libro de texto como fuente secundaria y sustituto de la fuente primaria, por un lado, y una simple, lisa y llana antología, por otro. Son el equivalente impreso de esa técnica tradicional del aula utilizada con tanta frecuencia con los clásicos, la *explicatio texti*.

Desconozco el motivo de que un recurso tan simple y obvio como el uso de muchas notas al pie no se haya utilizado con mayor frecuencia, excepto a causa de un prejuicio irracional hacia el estilo cortado, atomizado de prosa que genera una plétora de notas al pie. Pero es que ése es el estilo de la *Suma,* para empezar. ¿Recuerda cómo le cortaba mamá el filete en trocitos que fuese capaz de masticar? Bien harían los principiantes apuntándose ese eslogan de Alcohólicos Anónimos: «los días, de uno en uno», y así, estudiar los puntos de la *Suma* de uno en uno.

¿Y por qué tantas notas al pie, en lugar de unos ensayos introductorios más extensos y más generales en cada sección? 1) Porque con Santo Tomás, las ideas generales no son adecuadas, aunque sean necesarias; tenemos que entenderle en los detalles específicos; 2) porque necesitamos ayuda para entender pasajes específicos, una ayuda que no pueden facilitar tales introducciones generales; y 3) porque esta técnica entrena nuestra mente, con tanta frecuencia acostumbrada a verse satisfecha con vagas generalidades, en especial en filosofía y teología, campos que el propio Santo Tomás consideraba ciencias. Como profesor de filosofía, descubro en repetidas ocasiones cómo Santo Tomás resulta más sencillo para los alumnos de ciencias (al menos al principio) que para los de humanidades (en especial los de Sociología, Psicología y Periodismo).

Hay dos tipos de notas al pie. Algunas explican el significado de ciertos conceptos técnicos o difíciles. Otras subrayan la importancia de una idea.

Que un pasaje no tenga notas no significa que no sea importante. Quizá su significado y su importancia sean muy considerables, pero claros.

Hay más notas al pie hacia la parte primera, por dos motivos: 1) para dar el primer empujón e iniciar al lector sobre terreno firme, y 2) porque las dos primeras cuestiones de la *Suma* son de una importancia crucial, tanto en sí mismas como a modo de cimientos para el resto de la *Suma*; son famosas con justicia, y necesitan de un «desmenuzado» extra.

La lectura de las notas al pie no habría de ser percibida como una responsabilidad onerosa, sino como una ayuda útil a la que habría de recurrirse sólo en función de la necesidad y el deseo del propio lector. De convertirse éstas en una distracción del texto de Santo Tomás, ignórelas.

Si usted, como lector de esta obra, llega al punto en que las numerosas notas comienzan a parecerle ajenas y molestas, eso es o bien un buen síntoma o bien un mal síntoma, y para descubrir de cuál de ellos se trata, hágase estas preguntas: «Ajenas y molestas», ¿para quién? ¿Para el pensamiento del autor medieval, o para las ideas preconcebidas del lector moderno? ¿Para Santo Tomás o para usted?

El único propósito de estas notas al pie, como sucede con toda fuente secundaria escrita, es el de servir de muleta: ayudarle a introducirse en el pensamiento de la fuente primaria, del mismo modo que el objetivo de una muleta es el de llegar a ser prescindible.

En cualquier caso, debería leerse en primer lugar el artículo de Santo Tomás al completo, sin leer las notas al pie. A continuación, leerlo una segunda vez, de un modo más detenido y analítico, utilizando las notas. Una tercera lectura puede prescindir también de las notas, porque éstas ya tienen presencia en la mente que lee.

Los términos técnicos se han definido en el glosario, que es importante dado que la mayoría de las dificultades que los estudiantes tienen con Santo Tomás se refieren a la terminología, más que a la visión (o contenido) o a la forma lógica (o estilo) de la argumentación. Se ha colocado el glosario al comienzo porque, de haberlo situado al final, el lector tendría la tentación de hacer caso omiso de él excepto en situaciones de emergencia. Al colocarlo al principio, se alza como una verja o una cancela: una puerta simple y aburrida que da paso a una mansión dorada y grandiosa.

Glosario

*abstracto (*opuesto: *concreto)*: no necesariamente «espiritual» como
opuesto a «material», sino más bien cierta propiedad, cualidad o
esencia considerada de manera separada del sujeto, cosa o sustancia que la posee (por ejemplo, justicia, blancura).

abstracción: el acto mental de aprehensión de una cierta forma, cualidad o esencia sin el resto del objeto; considerar una forma sin considerar el objeto material concreto entero o la imagen de éste; por
ejemplo, abstraer la «arboreidad» esencial, o el tamaño accidental,
de un árbol a partir de todo lo demás en ese árbol individual o de
lo que vemos de él.

accidental: no esencial, no sustancial.

*accidente (*opuesto: *sustancia)*: aquel modo de ser que sólo puede
existir en otro ser como una modificación o un atributo de una
sustancia (cosa); por ejemplo, el rojo de una rosa.

*acto (*opuesto: *potencia)*: totalmente real, completo, perfecto. 1) «acto
primero»: existencia, ser, realidad; 2) «acto segundo»: funciona-
miento, actividad, hacer.

agente: causa eficiente.

alma: por lo general, el primer principio intrínseco (interno, natural) de
la vida en un cuerpo vivo; de manera específica, el alma humana
es el primer principio de la vida humana, racional, es decir, del
conocimiento y la voluntad.

[39]

analógico: la relación entre dos cosas o términos que son en parte lo mismo y en parte diferentes, que ni son *unívocos* (completamente iguales), ni *equívocos* (completamente distintos); la relación de similitud pero no de identidad entre el significado de un término cuando se enuncia como predicado de un sujeto (por ejemplo, «la leche es buena») y el significado de ese término cuando se enuncia como predicado de otro sujeto (por ejemplo, «Dios es bueno»).

apetito: en el sentido más amplio, cualquier inclinación o tendencia hacia algún objeto bueno o adecuado, o a apartarse de algún objeto malo o inadecuado; de manera más limitada, en los seres vivos, la tendencia al crecimiento y la salud; de un modo más limitado aún, en los animales, el deseo de los sentidos de su objeto natural (véase *concupiscencia* y *apetito irascible*); en su sentido más limitado, en el hombre, el deseo de la voluntad del bien que le es propio, la *felicidad* [bienaventuranza].

apetito irascible: deseo sensible de combatir un peligro.

argumento: prueba de que una cierta proposición (la conclusión) es verdadera por medio de la demostración de que ésta se sigue de manera lógica y necesaria al ser ciertas otras proposiciones (premisas).

bienaventuranza: felicidad. Satisfacción del deseo al poseer su verdadero y propio bien (nótese que en la bienaventuranza hay un componente subjetivo y un componente objetivo también; así, ni una piedra ni un hombre malvado pueden ser felices).

cambio: transformación en acto de una potencia.

caridad (amor): la voluntad de hacer el bien a otro por su propio bien.

causa eficiente: agente que, por medio de su actuación, genera la existencia o los cambios de otro.

causa final: fin o propósito de una cosa.

causa formal: la forma como determinante de la materia.

causa material: aquello (potencia) a partir de lo cual se genera una cosa: por ejemplo, el barro de una vasija.

causalidad: influencia de un ser sobre otro; responsabilidad de un ser respecto de alguna característica de otro (el efecto) como su existencia, su esencia, su materia, sus accidentes o sus cambios. Véase *causa final, causa formal, causa eficiente, causa material*. En el hablar moderno, «causa» suele significar sólo «causa eficiente», es decir, aquello que produce la existencia o los cambios de otra cosa.

ciencia: conocimiento intelectual por medio de causas o principios generales. En un sentido, «científico» significaba algo más limitado y concienzudo en la época premoderna: un cierto conocimiento de las causas reales. En otro sentido, significaba algo más amplio y laxo que el método científico moderno, pues no siempre requería de experimentación o medición matemática.

común (opuesto: *propio*): presente en dos o más individuos o especies.

concreto (opuesto: *abstracto*): no necesariamente material o sensible, sino individual y en acto.

concupiscencia: apetito de los sentidos en busca del placer.

contemplativo: véase *especulativo*.

corporal: referente al cuerpo como distinto del alma.

cosmos: el universo tal y como está ordenado.

creación: el acto de dar existencia a un ser a partir de la no existencia; generación del ser a partir de materia no preexistente.

cuerpo: no sólo un cuerpo humano o animal, sino cualquier objeto material que ocupa un espacio.

deducción: argumento que parte de un premisa más universal hacia una conclusión más particular, de un principio más general a un ejemplo o aplicación de éste.

demostración: argumento que es lógicamente válido a partir de premisas que son verdaderas y evidentes, y de ese modo prueba la conclusión con certeza.

determinar: causar una perfección definida; especificar, hacer particular.

emanación: flujo desde un origen.

entendimiento agente: el entendimiento en el acto de abstraer la forma de la materia; el entendimiento que imbuye y determina al entendimiento posible (receptivo), pasivo o potencial con dicha forma.

epistemología: la ciencia del conocimiento.

esencia: en sentido amplio, *lo que es* una cosa, todas sus «notas inteligibles» (características; en contraste con su existencia); en sentido más limitado, frente a *accidente*, la definición, o el género más las diferencias específicas de una cosa, aquello sin lo cual no puede ser concebida.

especie: 1) en lógica, la clase a la cual pertenece una cosa de manera esencial, que expresa tanto el género como la diferencia específica (por ejemplo, «el hombre es un animal racional»); 2) en epistemología, semejanza o representación de un objeto, la forma de un objeto conocido.

especificar: determinar hacia una clase o forma concreta.

especulativo (opuesto: práctico): contemplativo; el conocimiento por el conocimiento, buscar la verdad por buscarla, y no para actuar (hacer algo con ella) o producir (fabricar algo por medio de ella). «Especulativo» no significa necesariamente «hipotético» o «incierto».

eternidad: modo de existencia sin un inicio, fin o sucesión; «la completa y perfecta posesión simultánea de vida ilimitada» (Boecio).

existencia: la realización de una esencia; el acto por el cual algo *es*.

facultad: posibilidad o capacidad inherente.

filosofía: literalmente, el amor por el saber; la ciencia que busca entender todas las cosas por medio del conocimiento de sus causas por la razón natural.

fin: bien, meta, propósito, objetivo, intención.

finito: limitado.

forma: la naturaleza esencial de una cosa, lo que la especifica para ser esto y no aquello.

género: el aspecto de la esencia de una cosa que es común a ésta y a otros miembros de su especie; una clase más amplia a la cual pertenece esencialmente una cosa (por ejemplo, «animal» respecto del hombre, «figura plana» respecto de un triángulo).

gracia: aquello que procede del libre albedrío de Dios, como distinto de la necesidad natural.

hábito: disposición hacia ciertas actuaciones; inclinación a un fin. Un «hábito» no es una «rutina», sino que en el caso del hombre se lleva a cabo con libertad, y por medio de actos repetidos.

idea: concepto.

imagen: imagen sensorial.

imaginación: sentido interno que genera representaciones de objetos reales y materiales aun cuando éstos no están presentes.

incorpóreo: inmaterial, sin un cuerpo.

incorruptible: incapaz de corromperse o ser destruido.

inducción: razonamiento que parte de casos particulares hacia principios generales; desde premisas más particulares hacia conclusiones más universales.

infalible: incapaz de errar, cierto por tanto.

inferencia: razonamiento que parte de ciertas verdades (premisas) hacia otras (conclusiones).

infinito: sin límite.

infundido: recibido desde el exterior.

innato: dado por naturaleza.

juicio: acto de la mente que compara dos conceptos (sujeto y predicado) en una proposición afirmativa o negativa.

locomoción: movimiento en el espacio.

materia: el principio en el ser de una cosa por el cual ésta es capaz de ser determinada por la forma; potencia frente a acto. En lenguaje moderno, el término hace referencia a las cosas reales, visibles, formadas (por ejemplo, sustancias químicas, materia); pero en terminología tomista y aristotélica, la «materia» no es observable por sí misma, o ni siquiera es real por sí misma. No es una cosa, sino un principio metafísico o aspecto de las cosas que, junto con la forma, explica el cambio como la actualización (determinación) de la potencia (materia).

medio: algo que se halla en el punto intermedio entre dos extremos.

metafísica: parte de la filosofía que estudia el ser como tal y las verdades, leyes o principios universales de todos los seres; «la ciencia del ser en cuanto ser».

movimiento: en sentido amplio, cualquier movimiento; de manera más particular, cambio de lugar, locomoción.

natural: 1) frente a *artificial:* que se halla en la naturaleza, aquello que posee un ser desde su nacimiento; aquello que sucede por sí mismo, sin interferencia externa (artesana o violenta); 2) frente a *sobrenatural:* lo que sucede sin intervención divina directa; 3) frente a *racional:* sin intelecto (por ejemplo, los «cuerpos naturales»); 4) frente a *arbitrario* o *convencional:* aquello que fluye de la esencia de una cosa; necesario.

naturaleza: 1) el origen del crecimiento y actividad de una cosa; 2) la totalidad de objetos en el universo aparte de las modificaciones humanas o divinas de éstos.

necesario: lo que no puede ser de otra manera.

*nominal (*frente a *real)*: perteneciente sólo al nombre. El «nominalismo» es la teoría según la cual los términos universales como «justicia» u «hombre» son sólo nombres, no esencias reales; probablemente se trate del error más destructivo y dominante de la filosofía moderna.

paciente: todo ser modificado por un agente.

participación: ser partícipe de algo, compartir, poseer cierta perfección.

pasión: en general, receptividad, ser receptor de la actuación de otro; en particular, conmoción intensa del apetito sensible.

pasivo: la potencia de ser determinado por otro agente.

pecado: todo acto humano (obra, palabra o deseo voluntario) en desobediencia de la ley divina.

perfección: en el sentido más general, cualquier realidad concreta en un ser; de manera más particular, cualquier *bien* concreto apropiado para un ser; en su sentido más particular, el bien absoluto alcanzado por un ser.

posible: aquello que puede ser.

potencia: principio del cambio; capacidad o posibilidad de ser realizado [en acto] de alguna manera.

predicado: (nombre): término que dice algo sobre el sujeto; (verbo [predicar]): afirmar algo sobre un sujeto.

principio: origen, fuente. Aquello de lo que procede algo.

propiedad: «accidente propio», un atributo que no constituye la esencia misma del sujeto, sino que es resultado de dicha esencia (por ejemplo, el habla en el hombre o el verde de la clorofila).

propio: distinto, especial, específico (frente a *común*).

proposición: frase enunciativa, afirmativa o negativa.

providencia: planificación inteligente por la cual son ordenadas las cosas hacia un fin.

prudencia: sabiduría práctica, conocimiento de cómo escoger los buenos medios hacia los buenos fines, qué hacer y cómo hacerlo. No tiene ninguna de las connotaciones bobaliconas, mojigatas y de un exceso de cuidado que tiñen el término en el hablar moderno.

quiddidad: esencia, lo que se es.

razón: 1) en el sentido más general, aquello que distingue al hombre de las bestias: inteligencia; 2) de manera algo más específica, la capacidad de razonamiento (los tres «actos de la mente»: aprehensión, juicio y raciocinio); 3) en el sentido más específico, la capacidad de argumentación o demostración (el raciocinio, tercer acto de la mente).

reducción: acto mental por medio del cual se lleva algo complejo a una forma o principio más elemental o fundamental, o bien se observa dentro de una clase o principio general.

representación: semejanza o parecido; imagen.

sensación: acto de uno de los cinco sentidos.

ser: 1) aquello que es, ya sea en acto o en potencia, y ya sea en la mente (un «ser de la razón») o en la realidad objetiva (un «ser en la naturaleza»); 1a) *ens*: entidad, cosa, sustancia, aquello que es; 1b) *esse*: el acto de existir; 1c) *essentia*: esencia, aquello que una cosa es; 2) el predicado afirmativo que establece que el sujeto es, o que es algo (el predicado).

silogismo: 1) argumento lógico; 2) argumento deductivo, en especial; 3) y más en especial, cierto argumento deductivo con tres términos, dos premisas y una conclusión.

simple: no compuesto de partes.

sobrenatural: más allá del poder de la naturaleza, causado sólo por Dios sin causa secundaria (natural) alguna.

sujeto: 1) en lógica, el término de una proposición acerca del cual se dice algo en el predicado; 2) en metafísica, una sustancia en relación a sus atributos; 3) en epistemología, el conocedor como distinto del objeto conocido.

sustancia: ser que existe en sí en lugar de en otro (frente a *accidente*).

término: 1) en metafísica, el primero o el último punto de una serie; 2) en lógica, el sujeto o el predicado de una proposición, que expresa un concepto.

término equívoco: un término utilizado con dos significados totalmente distintos.

trascendental: universalmente común a todas las cosas. Las cinco propiedades trascendentales de todo ser son: «algo», unidad, verdad, bondad, belleza.

trascendente: más grande, superior.

universal: general, común a muchos.

unívoco: que posee el mismo significado cuando se dice de cosas diferentes.

uno: aquello que no puede ser dividido sin perder su identidad.

verdad: conformidad de la mente con las cosas reales.

vida: la capacidad de moverse de una sustancia.

virtual: que posee una potencia positiva, activa, de cierta perfección; más que en potencia de manera pasiva, pero menos que en acto.

virtud: buen hábito.

voluntad: apetito racional; capacidad del alma de desear un bien conocido por el intelecto.

Suma teológica mínima

I. METODOLOGÍA:
LA TEOLOGÍA COMO CIENCIA

Prólogo

El doctor[1] de la verdad católica tiene por misión no sólo
ampliar y profundizar los conocimientos de los iniciados, sino
también enseñar y poner las bases a los que son incipientes,
según lo que dice el Apóstol en 1 Cor 3, 1-2: *Como a párvulos
en Cristo, os he dado por alimento leche para beber, no carne para
masticar.* Por esta razón en la presente obra nos hemos propuesto
ofrecer todo lo concerniente a la religión cristiana del modo
más adecuado posible para que pueda ser asimilado por los que
están empezando[2].

---

[1] «Doctor» (del latín *docēre*, enseñar) aquí significa «maestro», no «señor» [master,
en el original inglés]. Un «doctor» de la verdad católica es su siervo.

[2] Tal vez resulte sorprendente para el lector el descubrimiento de que la *Suma* fuese
escrita para «incipientes», pero debería servir para que los no iniciados la iniciasen. He

Hemos detectado, en efecto, que los novicios en esta doctrina se encuentran con serias dificultades a la hora de enfrentarse a la comprensión de lo que algunos han escrito hasta hoy. Unas veces, por el número excesivo de inútiles cuestiones, artículos y argumentos. Otras, por el mal método con que se les presenta lo que es clave para su saber, pues, en vez del orden de la disciplina, se sigue simplemente la exposición del libro que se comenta o la disputa a que da pie a tal o cual problema concreto. Otras veces, por la confusión y aburrimiento que, en los oyentes, engendran las constantes repeticiones.

Confiando en la ayuda de Dios intentaremos poner remedio a todos esos inconvenientes presentando de forma breve y clara, si el problema por tratar lo permite, todo lo referente a la doctrina sagrada[3].

aquí cómo Santo Tomás describió su *Suma* al dar una explicación acerca de por qué no la pudo terminar después de pasar por una «experiencia mística» (la descripción correcta es «contemplación infundida»): «No puedo escribir más; en comparación con aquello que he visto, todo cuanto he escrito no me parece sino paja».

Fray Reginaldo, amigo íntimo de Santo Tomás, testificó bajo juramento tras la muerte de éste haber oído una voz procedente del crucifijo de la capilla que le decía a Santo Tomás: «Has escrito bien sobre Mí, Tomás. ¿Cuál habrá de ser tu recompensa?». Y oyó a Tomás responder: «Sólo Tú, Señor». Esta contestación nos dice dos cosas: una, por qué Tomás era *Santo* Tomás; y dos, por qué él decía de Sócrates que era el filósofo más grande (S.T. III, 42, 4): porque al igual que Santo Tomás, Sócrates sabía que siempre fue un principiante (véase *Apología* 20d-23b).

[3] Nótese cómo Santo Tomás predica con el ejemplo en este prólogo, aun conforme lo predica.

CUESTIÓN 1

¿Qué es y qué comprende la doctrina sagrada?

ARTÍCULO 1

¿Es o no necesario que, además de las materias filosóficas, haya otra doctrina?

Objeciones por las que parece que no es necesario que, además de las materias filosóficas, haya otra doctrina:

1. Dice Eclo 3, 22: *No pretendas alcanzar lo que no puedes.* Así, pues, el hombre no debe pretender asimilar lo que excede su capacidad de entender[1]. Puesto que lo que entra dentro de su capacidad de entender es suficientemente tratado por las materias filosóficas, parece del todo superfluo que, además de estas materias, haya otra doctrina.

2. Aún más. No hay doctrina si no trata del ser, pues sólo se puede conocer lo verdadero, que es lo mismo que decir ser[2]. Pero las materias filosóficas abarcan el estudio de todos los seres, incluido Dios. De ahí que, tal como nos consta por el Filósofo en VI *Metaphys.,* una parte de la filosofía sea llamada *Teología*[3]. Así, pues, no fue necesario que, además de las materias filosóficas, hubiera otra doctrina.

En cambio está lo que dice 2 Tim 3, 16: *Toda escritura*[4]*, divinamente inspirada, sirve para enseñar, argüir, corregir, formar para la justicia.* Ahora bien, la Escritura divinamente inspirada no entra

---

[1] Es decir, más de lo que puede ser (a) descubierto, (b) comprendido o (c) demostrado por medio únicamente de la razón humana.

[2] Cf. S.T. I, 16, 3.

[3] Esto es la «teología natural» (o teología racional, o teología filosófica) como algo distinto de la «teología revelada». Sólo es conocida por la razón, y no por la fe en la revelación divina.

[4] Nótese el íntimo grado de identificación de la teología tomista con las Escrituras, sus materias. Esa objeción protestante tan común de que esta teología tiene un carácter más racionalista y helénico que bíblico y de creencias es una absoluta inexactitud.

dentro del campo de las materias filosóficas, ya que éstas son el resultado de la razón humana solamente. De donde se sigue que tiene sentido que, además de las materias filosóficas, haya otra ciencia divinamente inspirada.

Solución. *Hay que decir.* Para la salvación humana[5] fue necesario que, además de las materias filosóficas, cuyo campo analiza la razón humana, hubiera alguna ciencia cuyo criterio fuera la revelación divina. Y esto es así porque Dios, como fin al que se dirige el hombre, excede la comprensión a la que puede llegar sólo la razón. Dice Is 64, 4: *¡Dios! Nadie ha visto lo que tienes preparado para los que te aman. Sólo Tú.*

El fin tiene que ser conocido por el hombre para que hacia Él pueda dirigir su pensar y su obrar. Por eso fue necesario que el hombre, para su salvación, conociera por revelación divina lo que no podía alcanzar por su exclusiva razón humana.

Más aún. Lo que de Dios puede comprender la sola razón humana, también precisa la revelación divina, ya que, con solo la razón humana, la verdad de Dios sería conocida por pocos, después de muchos análisis y con resultados plagados de errores[6]. Y, sin embargo, del exacto conocimiento de la verdad de Dios depende la total salvación del hombre, pues en Dios está la salvación.

Así pues, para que la salvación llegara a los hombres de forma más fácil y segura[7], fue necesario que los hombres fueran instruidos, acerca de lo divino, por revelación divina. Por todo ello se deduce la necesidad de que, además de las materias filosóficas, resultado de la razón, hubiera una doctrina sagrada, resultado de la revelación.

Respuesta a las objeciones: 1.   *A la primera hay que decir.* El hombre no debe analizar con sus solas fuerzas naturales lo

---

[5] Nótese que, si bien Santo Tomás es un filósofo teórico, y aunque la teología sea fundamentalmente una ciencia teórica (S.T. I, 1, 4), el Aquinate entiende que el motivo que tiene Dios para la revelación de las materias de la teología es fundamentalmente práctico: nuestra salvación.

[6] Para un tratamiento más extenso de esta cuestión, véase la *Suma contra los Gentiles* I, 4, de Santo Tomás.

[7] N.B.: esto parece implicar que los paganos también pueden acceder a la salvación, si bien de una manera menos «fácil» y «segura».

que excede su comprensión; sin embargo, esto que le excede ha sido revelado por Dios para ser aceptado por la fe.

De ahí que el texto aquel continúe diciendo (v. 25): *Te han sido mostradas muchas cosas que están por encima del hombre.*

En estas cosas se centra la doctrina sagrada.

2. *A la segunda hay que decir:* A diversos modos de conocer, diversas ciencias. Por ejemplo, tanto el astrólogo como el físico pueden concluir que la tierra es redonda[8]. Pero mientras el astrólogo lo deduce por algo abstracto, la matemática, el físico lo hace por algo concreto, la materia. De ahí que nada impida que unas mismas cosas entren dentro del campo de las materias filosóficas siendo conocidas por la simple razón natural, y, al mismo tiempo, dentro del campo de otra ciencia cuyo modo de conocer es por la luz de la revelación divina. De donde se deduce que la teología que estudia la doctrina sagrada, por su género es distinta de la teología que figura como parte de la filosofía.

ARTÍCULO 10

El texto de la Sagrada Escritura, ¿tiene o no tiene varios sentidos?[9]

Objeciones por las que parece que el texto de la Sagrada Escritura no tiene varios sentidos. Éstos son: el histórico o literal, el alegórico, el tropológico o moral, el anagógico.

1. La multiplicidad de sentidos en un texto engendra confusión y desengaño, y quita fuerza al argumento. De ahí que

---

[8] N.B.: en la Edad Media no se creía en el mito de una tierra plana; es la modernidad la que cree en el mito de una Edad Media ignorante.

[9] Este artículo, que parece estar fuera de sitio, se incluye aquí porque concierne al modo en que interpretamos la materia de la teología, las Escrituras.

La hermenéutica moderna (la ciencia de la interpretación) tiende a crear una gran línea divisoria entre los desmitologizadores modernistas, quienes interpretan como meramente simbólico cualquier pasaje que resulta demasiado milagroso o sobrenatural para que lo digiera su filosofía, y los fundamentalistas, quienes en reacción a los modernistas tienden a sospechar de cualquier simbolismo y se limitan a la interpretación literal de todos los pasajes (excepto Jn 6, 48-56).

la argumentación no parta de proposiciones de varios sentidos so pena de ofrecer meros sofismas. La Sagrada Escritura debe ser capaz de mostrar la verdad sin ningún tipo de sofisma. Por lo tanto, un mismo texto de la Escritura no puede tener varios sentidos.

En cambio está lo que dice Gregorio en el XX *Moralium*: *Por su modo de hablar, la Sagrada Escritura está por encima de todas las ciencias, pues con un mismo texto relata un hecho y revela un misterio.*

Solución. *Hay que decir.* El autor de la Sagrada Escritura es Dios. Y Dios puede no sólo adecuar la palabra a su significado, cosa que, por lo demás, puede hacer el hombre, sino también adecuar el mismo contenido. Así, de la misma forma que en todas las ciencias los términos expresan algo, lo propio de la ciencia sagrada es que el contenido de lo expresado por los términos a su vez significa algo. Así pues, el primer significado de un término corresponde al primer sentido citado, el histórico o literal. Y el contenido de lo expresado por un término, a su vez, significa algo. Este último significado corresponde al sentido espiritual, que supone el literal y en él se fundamenta [A][10]. Este sentido espiritual se divide en tres. Como dice el

Santo Tomás corta esto sí o sí y mantiene que un pasaje puede ser correctamente interpretado tanto de manera literal («histórica») como simbólica («espiritual»), porque Dios escribe la historia conforme el hombre escribe los textos. Es decir, a continuación de esto, la hermenéutica es una metafísica: la visión sacramental de la naturaleza y la historia conforme a la cual los objetos, los sucesos y, de igual modo, los textos pueden ser *signos* y también *objetos*, pueden ser medios a través de los cuales otras cosas expresan su significado y son conocidas, y también pueden ser cosas conocidas por sí mismas.

Esta visión de la naturaleza y de la historia como signos y no sólo como cosas —y, por tanto, objetivamente *significantes*— presupone un teísmo de manera implícita, pues sólo Dios y no el hombre podría ser el autor de dicha significación en la naturaleza e historia que a nosotros nos viene dada en lugar de ser un artificio que procede de nosotros. Esta visión sacramental de la naturaleza ha quedado relegada con acierto en la ciencia moderna (con fines metodológicos), de manera innecesaria en la filosofía moderna y de forma desastrosa en la conciencia moderna.

[10] Estos tres principios (para el B y el C, véase la respuesta a las objeciones) impiden que la interpretación espiritual, simbólica, se vuelva incontrolada e irresponsable. Ejercen un control sobrio y científico sobre este aspecto imaginativo de la interpretación, como quien sube a un jinete duro de pelar a lomos de un caballo brioso. Hoy en día, a este aspecto imaginativo se le hace o bien caso omiso o bien burla en parte a

Apóstol en la carta a los Hebr 7, 19, la Antigua Ley es figura de la Nueva; y esta misma Nueva Ley es figura de la futura gloria, como dice Dionisio en *Ecclesiastica Hierarchia*. También en la Nueva Ley todo lo que ha tenido lugar en la cabeza es signo de lo que nosotros debemos hacer. Así, pues, lo que en la Antigua Ley figura la Nueva, corresponde al *sentido alegórico*; lo que ha tenido lugar en Cristo o que va referido a Cristo, y que es signo de lo que nosotros debemos hacer, corresponde al *sentido moral*; lo que es figura de la eterna gloria, corresponde al *sentido anagógico*[11].

El sentido que se propone el autor es el literal. Comoquiera que el autor de la Sagrada Escritura es Dios, el cual tiene exacto conocimiento de todo al mismo tiempo, no hay inconveniente en que el sentido literal de un texto de la Escritura tenga varios sentidos, como dice Agustín en el XII *Confess*.

Respuesta a las objeciones: 1. *A la primera hay que decir*: La diversidad de sentidos no engendra ningún equívoco o cualquier otro tipo de ambigüedad. Pues, como ha quedado dicho (sol.), estos sentidos no se multiplican porque un mismo término tenga muchos significados, sino porque el contenido de lo significado por los términos puede significar otra cosa. En este sentido, nada en la Escritura se presta a confusión, puesto que todos los sentidos parten de uno, el literal. Sólo del sentido

causa de la falsa noción de que tales controles no eran conocidos o no se practicaban en la teología medieval. Y a veces no lo eran. Pero había otras en que sí, como en el caso de Santo Tomás.

[11] «Antigua Ley» = «Antiguo Testamento»; «Nueva Ley» = «Nuevo Testamento»; «eterna gloria» = el cielo. Un ejemplo del sentido alegórico sería Moisés (que simboliza a Cristo) que conduce a los hebreos (símbolo de la Iglesia, el Cuerpo de Cristo) por medio del éxodo (símbolo de la salvación) para apartarlos de la esclavitud (símbolo del pecado) sometidos al faraón (símbolo de Satán), soberano de Egipto (símbolo de este mundo descarriado), a través del Mar Rojo (símbolo de la muerte), atravesando el desierto (símbolo del purgatorio) hacia la Tierra Prometida (símbolo del cielo). Un ejemplo del sentido moral sería cuando Cristo lava los pies a sus discípulos (Jn 13), como símbolo de nuestra obligación de servir al prójimo con humildad. Un ejemplo del sentido anagógico, o escatológico, sería el simbolismo de los milagros de Cristo en la sanación de los ciegos como representación de la completa sanación que Él trae a nuestra ceguera espiritual en la visión beatífica del cielo.

literal puede partir el argumento, no del alegórico [B], tal como dice Agustín en su carta a Vicente el Donatista. Sin embargo, no por eso se echa a perder algo de la Sagrada Escritura, puesto que si en el sentido espiritual hay algún contenido necesario de fe, la Sagrada Escritura en algún otro lugar lo transmite explícitamente en sentido literal [C].

II. PRUEBAS DE LA EXISTENCIA DE DIOS

CUESTIÓN 2

Sobre la existencia de Dios

Así pues, comoquiera que el objetivo principal de esta doctrina sagrada es llevar al conocimiento de Dios, y no sólo como ser, sino también como principio y fin de las cosas, especialmente de las criaturas racionales según ha quedado demostrado (q.1 a.7), en nuestro intento de exponer dicha doctrina trataremos lo siguiente: primero, de Dios; segundo, de la marcha del hombre hacia Dios; tercero, de Cristo, el cual, como hombre, es el camino en nuestra marcha hacia Dios.

La reflexión sobre Dios abarcará tres partes. En la primera trataremos lo que es propio de la esencia divina; en la segunda, lo que pertenece a la distinción de personas; en la tercera, lo que se refiere a las criaturas en cuanto que proceden de Él.

Con respecto a la esencia divina, sin duda habrá que tratar lo siguiente: primero, la existencia de Dios; segundo, cómo es, o mejor, cómo no es; tercero, de su obrar, o sea, su ciencia, su voluntad, su poder.

Lo primero plantea y exige respuesta a tres problemas: 1. ¿Es o no es evidente Dios por sí mismo?—2. ¿Es o no es demostrable?—3. ¿Existe o no existe Dios?[1]

ARTÍCULO 1

Dios, ¿es o no es evidente por sí mismo?

Objeciones por las que parece que Dios es evidente por sí mismo:

1.   Se dice que son evidentes por sí mismas aquellas cosas cuyo conocimiento nos es connatural, por ejemplo, los primeros principios. Pero, como dice el Damasceno al inicio de su libro, *el conocimiento de que Dios existe está impreso en todos por naturaleza*[2]. Por lo tanto, Dios es evidente por sí mismo.

2.   Más aún[3]. Se dice que son evidentes por sí mismas aquellas cosas [proposiciones] que, al decir su nombre [ser enten-

---

[1] Si Dios es evidente por sí mismo, el intento por demostrarlo resulta superfluo. Nadie demuestra que «2+2=4» o que «algo existe». En el artículo 1, Santo Tomás muestra que la existencia de Dios no es tan evidente como para no necesitar demostración; y en el artículo 2 muestra que no es algo tan oscuro que no se pueda demostrar. De este modo refuta los extremos «dogmático» y «escéptico» sobre la existencia de Dios.

[2] Dado que la amplia mayoría de los seres humanos que han vivido han creído en algún dios. Es necesaria una educación para apartar a los niños (o a las sociedades) del teísmo hacia el ateísmo, y no viceversa. El ateísmo siempre viene después.

[3] Santo Tomás reformula aquí el famoso «argumento ontológico» de San Anselmo (*Proslogio*, cc. 2-3), y lo interpreta como un intento por demostrar no sólo que Dios existe, sino que la existencia de Dios es evidente por sí misma, es decir, que la proposición «Dios existe» es evidente en sí misma del mismo modo que «los solteros son hombres» o que «el todo es mayor que las partes que los forman». Santo Tomás incluye el argumento de San Anselmo como una *objeción* a su tesis de que la existencia de Dios no es evidente por sí misma. El Angélico está en desacuerdo con

didas], inmediatamente son identificadas [como ciertas]. Esto, el Filosofo en I *Poster.* lo atribuye a los primeros principios de demostración. Por ejemplo, una vez sabido lo que es todo y lo que es parte, inmediatamente se sabe que el todo es mayor que su parte. Por eso, una vez comprendido lo que significa este nombre, *Dios*, inmediatamente se concluye que Dios existe. Si con este nombre se da a entender lo más inmenso que se puede comprender, más inmenso es lo que se da en la realidad y en el entendimiento que lo que se da sólo en el entendimiento[4]. Comoquiera que comprendido lo que significa este nombre, *Dios,* inmediatamente está en el entendimiento, habrá que concluir que también está en la realidad. Por lo tanto, Dios es evidente por sí mismo.

3. Todavía más. Que existe la verdad es evidente por sí mismo, puesto que quien niega que la verdad existe está diciendo que la verdad existe; pues si la verdad no existe, es verdadero que la verdad no existe. Pero para que algo sea verdadero, es necesario que exista la verdad. Dios es la misma verdad. Jn 14, 6: *Yo soy el camino, la verdad y la vida.* Por lo tanto, que Dios existe es evidente por sí mismo.

En cambio, nadie puede pensar lo contrario de lo que es evidente por sí mismo, tal como consta en el Filósofo, IV *Metaphys* y I *Poster* cuando trata los primeros principios de la demostración. Sin embargo, pensar lo contrario de que Dios existe, sí puede hacerse, según aquello del Sal 52, 1: *Dice el necio en su interior: Dios no existe.* Por lo tanto, que Dios existe no es evidente por sí mismo.

Solución. *Hay que decir:* La evidencia de algo puede ser de dos modos. Uno, en sí misma y no para nosotros; otro, en sí

---

el argumento de San Anselmo (cf. la respuesta a las objeciones), pero no, desde luego, con su conclusión (que Dios existe).

[4] Es decir, «lo que se da en la realidad» (de manera objetiva, fuera de la mente humana) es un concepto más grande que «lo que se da sólo en el entendimiento». Por tanto, «Dios no existe» se convierte en una proposición contradictoria (y su opuesto, «Dios existe», se convierte por tanto en una proposición evidente por sí misma). «Dios carece de existencia» significa «el mayor ser concebible carece de una perfección concebible, esto es, la existencia objetiva».

misma y para nosotros[5]. Así, una proposición es evidente por sí misma cuando el predicado está incluido en el concepto del sujeto, como *el hombre es animal*, ya que el predicado *animal* está incluido en el concepto de hombre. De este modo, si todos conocieran en qué consiste el predicado y en qué el sujeto, la proposición sería evidente para todos. Esto es lo que sucede con los primeros principios de la demostración, pues sus términos como ser-no ser, todo-parte, y otros parecidos, son tan comunes que nadie los ignora.

Por el contrario, si algunos no conocen en qué consiste el predicado y en qué el sujeto, la proposición será evidente en sí misma, pero no lo será para los que desconocen en qué consiste

---

[5] Una proposición que es evidente «en sí misma» es aquella cuyo predicado es lógicamente idéntico o se incluye en el sentido de su sujeto. Una proposición que es evidente «para nosotros» ha de ser evidente en sí misma en primera instancia, y es también evidente para nosotros si contiene únicamente términos que somos capaces de definir por medio del conocimiento de sus esencias. Tal vez resulte útil el siguiente gráfico:

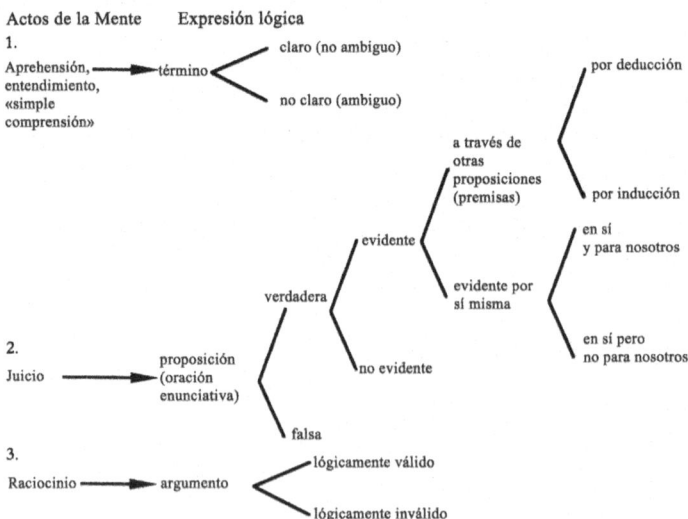

Actos de la Mente — **Expresión lógica**

1. Aprehensión, entendimiento, «simple comprensión» → término
- claro (no ambiguo)
- no claro (ambiguo)

2. Juicio → proposición (oración enunciativa)
- verdadera
  - evidente
    - a través de otras proposiciones (premisas)
      - por deducción
      - por inducción
    - evidente por sí misma
      - en sí y para nosotros
      - en sí pero no para nosotros
  - no evidente
- falsa

3. Raciocinio → argumento
- lógicamente válido
- lógicamente inválido

el predicado y en qué el sujeto de la proposición. Así ocurre, como dice Boecio, que hay conceptos del espíritu comunes para todos y evidentes por sí mismos que sólo comprenden los sabios, por ejemplo, *lo incorpóreo no ocupa lugar.*

Por consiguiente, digo: la proposición *Dios existe,* en cuanto tal, es evidente por sí misma, ya que en Dios sujeto y predicado son lo mismo, pues Dios es su mismo ser, como veremos (q.3 a.4). Pero, puesto que no sabemos en qué consiste Dios, para nosotros no es evidente, sino que necesitamos demostrarlo a través de aquello que es más evidente para nosotros y menos por su naturaleza[6], esto es, por los efectos.

Respuesta a las objeciones: 1. *A la primera hay que decir:* Conocer de un modo general y no sin confusión que Dios existe, está impreso en nuestra naturaleza en el sentido de que Dios es la felicidad del hombre; puesto que el hombre por naturaleza quiere ser feliz, por naturaleza conoce lo que por naturaleza desea. Pero a esto no se le puede llamar exactamente[7] conocer que Dios existe; como, por ejemplo, saber que alguien viene no es saber que Pedro viene aunque sea Pedro el que viene. De hecho, muchos piensan que el bien perfecto del hombre, que es la bienaventuranza, consiste en la riqueza; otros, lo colocan en el placer; otros, en cualquier otra cosa.

2. *A la segunda hay que decir.* Es probable que quien oiga la palabra *Dios* no entienda que con ella se expresa lo más inmenso que se pueda pensar, pues de hecho algunos creyeron que Dios era cuerpo. No obstante, aun suponiendo que alguien entienda el significado de lo que con la palabra *Dios* se dice, sin embargo

---

[6] Es decir, la naturaleza de Dios es perfectamente inteligible, clara, racional y como la luz en sí misma, mientras que la naturaleza de algo creado (por ejemplo, una piedra) es una mezcla de forma (que es el objeto inteligible del conocimiento) y materia (que es en sí misma potencialidad carente de forma y por tanto no es en sí misma cognoscible). Nos resulta, sin embargo, más sencillo conocer las cosas creadas que conocer a Dios, pues nuestras mentes están proporcionadas de manera más acorde a éstas que a Dios tal y como los ojos de un búho se hallan proporcionados de una forma más acorde a la luz tenue que a la plena luz del día.

[7] Es decir, de forma explícita frente a de forma implícita, y de un modo específico y claro frente a «de un modo general y no sin confusión».

no se sigue que entienda que lo que significa este nombre se dé en la realidad, sino tan sólo en la comprehensión del entendimiento. Tampoco se puede deducir que exista en la realidad, a no ser que se presuponga que en la realidad hay algo mayor que lo que puede pensarse. Y esto no es aceptado por los que sostienen que Dios no existe[8].

3. *A la tercera hay que decir:* Que la verdad en general existe, es evidente por sí mismo; pero que exista la verdad absoluta, esto no es evidente para nosotros.

ARTÍCULO 2

La existencia de Dios, ¿es o no es demostrable?

Objeciones por las que parece que Dios no es demostrable:
1. La existencia de Dios es artículo de fe. Pero los contenidos de fe no son demostrables, puesto que la demostración convierte algo en evidente, en cambio la fe trata lo no evidente, como dice el Apóstol en Heb 2, 1. Por lo tanto, la existencia de Dios no es demostrable.
2. Más aún. La base de la demostración está en *lo que es*[9]. Pero de Dios no podemos saber *qué es*, sino sólo *qué no es*, como dice el Damasceno. Por lo tanto, no podemos demostrar la existencia de Dios.
3. Todavía más. Si se demostrase la existencia de Dios, no sería más que a partir de sus efectos. Pero sus efectos no son proporcionales a Él, en cuanto que los efectos son finitos y Él es infinito; y lo finito no es proporcional a lo infinito. Comoquiera, pues, que la causa no puede demostrarse a partir de los

---

[8] Aquí, la refutación del argumento de San Anselmo a cargo de Santo Tomás consiste de manera fundamental en que evade la cuestión al asumir de modo implícito el argumento que se trata de demostrar, esto es, que existe un referente o denotación (ser real) correspondiente al significado o connotación del término «lo más inmenso que se pueda pensar».

[9] Una verdadera demostración no es únicamente un argumento deductivo, sino una prueba de que una cierta propiedad se sigue de *lo que es* de forma necesaria. La

efectos que no le son proporcionales, parece que la existencia de Dios no puede ser demostrada.

En cambio está lo que dice el Apóstol en Rom 1, 20: *Lo invisible de Dios se hace comprensible y visible por lo creado*[10]. Pero esto no sería posible a no ser que por lo creado pudiera ser demostrada la existencia de Dios, ya que lo primero que hay que saber de una cosa es si existe.

Solución. *Hay que decir:* Toda demostración es doble. Una, por la causa, que es absolutamente previa a cualquier cosa. Se la llama: *a causa de.* Otra, por el efecto, que es lo primero con lo que nos encontramos; pues el efecto se nos presenta como más evidente que la causa, y por el efecto llegamos a conocer la causa[11]. Se la llama: *porque.* Por cualquier efecto puede ser

geometría de Euclides está llena de tales demostraciones: «Los animales racionales son mortales; Sócrates es un animal racional; por tanto, Sócrates es mortal» es una demostración cuya base es «animal racional»:

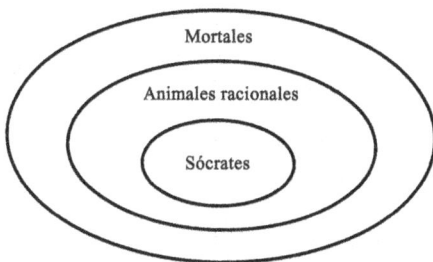

[10] Nótese aquí la paradoja: es la Sagrada Escritura —y la fe en ella— quien dice que la existencia de Dios es «visible» por la razón natural, no sólo por la fe y las Escrituras.

[11] La demostración puede ser «a causa de», *a priori* (desde la causa como premisa hacia el efecto como conclusión) o «porque», *a posteriori* (desde el efecto como premisa hacia la causa como conclusión). Una causa es objetivamente previa a su efecto, en sí misma («absolutamente»). Una premisa es subjetivamente previa a la conclusión para nuestro conocimiento («lo primero con lo que nos encontramos»). Así, en una demostración «porque», aquello que es en sí posterior (el efecto) es previo en nuestro conocimiento, como premisa.

demostrada su causa (siempre que los efectos de la causa se nos presenten como más evidentes): porque, comoquiera que los efectos dependen de la causa, dado el efecto, necesariamente antes se ha dado la causa. De donde se deduce que la existencia de Dios, aun cuando en sí misma no se nos presenta como evidente, en cambio sí es demostrable por los efectos con que nos encontramos.

Respuesta a las objeciones: 1. *A la primera hay que decir.* La existencia de Dios y otras verdades que de Él pueden ser conocidas por la sola razón natural, tal como dice Rom 1, 19, no son artículos de fe[12], sino preámbulos a tales artículos. Pues la fe presupone el conocimiento natural, como la gracia presupone la naturaleza y la perfección lo perfectible. Sin embargo, nada impide que lo que en sí mismo es demostrable y comprensible, sea tenido como creíble por quien no llega a comprender la demostración.

2. *A la segunda hay que decir.* Cuando se demuestra la causa por el efecto, es necesario usar el efecto como definición de la causa para probar la existencia de la causa[13]. Esto es así sobre todo por lo que respecta a Dios. Porque para probar que algo existe, es necesario tomar como base *lo que significa* el nombre, no *lo que es*[14]; ya que la pregunta *qué es* presupone otra: *si existe.* Los nombres dados a Dios se fundamentan en los efectos, como probaremos más adelante (q.13 a.1). De ahí que, demostrando por el efecto la existencia de Dios, podamos tomar como base lo que significa este nombre *Dios.*

[12] Es decir, no son objetivamente, o de por sí, artículos de fe. Aquí, el uso de «artículos de fe» se hace en sentido técnico.

[13] La definición o esencia de la causa es la base en una demostración *a priori*, por ejemplo, «todos los animales son mortales, todos los hombres son animales, por tanto todos los hombres son mortales». «Animal» forma parte de la definición de hombre (esencia) y la causa de la mortalidad del hombre.

La existencia del efecto es la base de la demostración *a posteriori*, por ejemplo, «donde hay huellas, hubo pies, y hay huellas en esta playa, por lo tanto hubo pies sobre esta playa». «Huellas» es aquí la base, y también el efecto (de los pies).

[14] En el ejemplo anterior (nota 13) no necesitamos conocer la esencia de las huellas para que la demostración sea válida, pero sí necesitamos conocer el significado del término.

3. *A la tercera hay que decir:* Por efectos no proporcionales a la causa no se puede tener un conocimiento exacto de la causa. Sin embargo, por cualquier efecto puede ser demostrada claramente que la causa existe, como se dijo (sol.). Así, por efectos divinos puede ser demostrada la existencia de Dios, aun cuando por los efectos no podamos llegar a tener un conocimiento exacto de cómo es Él en sí mismo[15].

ARTÍCULO 3

¿Existe o no existe Dios?

Objeciones por las que parece que Dios no existe[16]:
1. Si uno de los contrarios es infinito, el otro queda totalmente anulado. Esto es lo que sucede con el nombre *Dios* al darle el significado de bien absoluto. Pues si existiese Dios, no existiría ningún mal. Pero el mal se da en el mundo. Por lo tanto, Dios no existe.

---

[15] De manera similar a la nota 14, a partir del conocimiento de una huella no conocemos aún la esencia de los pies, ni tampoco obtenemos un conocimiento exacto de los mismos. O, a partir de un artefacto, no podemos conocer la esencia de su artífice, pero sí podemos conocer su existencia. Nótese la severidad con que Santo Tomás restringe el alcance de nuestro conocimiento racional de Dios, un espíritu que se acerca más al agnosticismo que al dogmatismo.

[16] N.B.: ¡Santo Tomás sólo es capaz de encontrar dos objeciones a la existencia de Dios en toda la historia del pensamiento humano! Hay numerosas explicaciones psicológicas alternativas para la creencia en Dios (temor, locura, falacia o fantasía) y hay objeciones a todos y cada uno de los muchos argumentos a favor de la existencia de Dios, pero sólo hay dos objeciones que afirmen llegar a demostrar la falsedad de la existencia de Dios. Y la segunda objeción afirma únicamente que la existencia de Dios es una hipótesis innecesaria, como la existencia de los *leprechauns* y de los marcianos: la desaparición del oro de los irlandeses bien se puede explicar sin los *leprechauns,* y los «canales» de Marte sin los marcianos. La segunda objeción no demuestra que no sea posible la existencia de Dios. Sólo la primera, el problema del mal, permanece como prueba aparente del ateísmo.

San Agustín tuvo dos formulaciones del problema del mal que eran similares, y se resumían de forma parecida: (1) «Si Dios existe, ¿cómo puede existir el mal? Pero, si no existe Dios, ¿cómo puede existir el bien?»; (2) «Si Dios es todo bondad, desea que sus criaturas sean felices, y si es todopoderoso, puede hacer cuanto desee; pero sus criaturas no son felices. Por tanto, carece de bondad, de poder o de ambos. Véase *El problema del dolor,* de C. S. Lewis, para la mejor respuesta a dicha formulación.

2.   Más aún[17]. Lo que encuentra su razón de ser en pocos principios, no se busca en muchos. Parece que todo lo que existe en el mundo, y supuesto que Dios no existe, encuentra su razón de ser en otros principios; pues lo que es natural encuentra su principio en la naturaleza; lo que es intencionado lo encuentra en la razón y voluntad humanas. Así pues, no hay necesidad alguna de acudir a la existencia de Dios.

En cambio está lo que se dice en *Éxodo* 3, 14 de la persona de Dios: *Yo soy el que soy*[18].

Solución. *Hay que decir*. La existencia de Dios puede ser probada de cinco maneras distintas[19].

---

[17] La segunda objeción no intenta demostrar que Dios no existe, sino que la existencia de Dios es como los marcianos, Papá Noel o la teoría conspirativa de la historia: una hipótesis que resulta superflua para una explicación científica de todos los fenómenos que observamos. En la medida en que las cinco pruebas de Santo Tomás («maneras») comienzan con datos de los sentidos e intentan demostrar que Dios, o la Primera Causa, es la única explicación racional adecuada posible para estos datos, la segunda objeción resulta de una gran seriedad e importancia para los argumentos científicos, empíricos, del Angélico.

N.B.: la ciencia medieval, como la ciencia moderna, utilizaba el principio de simplicidad, o «navaja de Ockham»: opta siempre por la hipótesis más simple. La objeción de Santo Tomás apela a esto en su primera frase, pero la ciencia medieval, al contrario que la ciencia moderna, no excluía las preguntas (y respuestas) sobre primeras causas, en última instancia. Por tanto, la filosofía y la física se encuadraban ambas bajo el epígrafe de «ciencias» en la Edad Media, y no se encontraban separadas de un modo estricto, tal y como lo están hoy en día.

[18] Nótese aquí la paradoja y el humor: el argumento «en cambio» suele proceder de una autoridad; ¿y a qué autoridad apela Santo Tomás en la cuestión acerca de la existencia de Dios? ¡A Dios mismo! Dios corta de raíz nuestra discusión sobre él en tercera persona y anuncia, en primera persona: «¡Estoy aquí!».

[19] Tres notas importantes acerca de las «cinco maneras»:

I

Estas cinco no son pruebas propiamente dichas, sino vías, es decir, indicaciones o resúmenes de las pruebas que se desarrollan en mucho mayor detalle en otros lugares, por ejemplo, la primera manera ocupa treinta y un párrafos en la *Suma contra los Gentiles* (L.1 c.13); aquí, sólo ocupa uno.

II

Estas cinco maneras son en realidad, y de forma fundamental, una sola: el «argumento cosmológico» o argumento que parte del cosmos. La estructura lógica de las cinco pruebas es la misma:

1.   Hay tres premisas, en realidad:

a. Un principio lógico implícito: la tautología de que o bien existe una Primera Causa, o bien o no existe (las pruebas demuestran que existe una Primera Causa al hacer patente que lo contrario entraña una contradicción; esto presupone la Ley del Tercero Excluido: que no puede haber alternativa intermedia a dos proposiciones que se excluyen mutuamente; así, demostrar la falsedad de la una es demostrar la veracidad de la otra).

b. Un dato empírico explícito (movimiento, causalidad, etc.).

c. Un principio metafísico, que ni es tautológico como (a), ni es empírico como (b), sino que es conocido por medio del discernimiento o el entendimiento metafísicos: por ejemplo, «si no hay una Primera Causa, no puede haber causas intermedias», o «nada puede ser la causa de su propia existencia».

2. Hay dos posibles hipótesis para explicar los datos empíricos:

a. Que existe Dios (Primer Motor, Causa no Causada, etc.).

b. Que no existe Dios.

En cada una de las «cinco maneras», Santo Tomás muestra que el principio metafísico (1c) emparejado con el dato empírico (1b) convierte 2b en imposible. De este modo, sólo nos queda 2a, siempre que admitamos de entrada 1a.

3. Han de hacerse, sin embargo, dos puntualizaciones «debilitadoras»:

a. Cada prueba a título individual —y las cinco en conjunto— sólo demuestra una reducida franja de Dios, unos pocos atributos de Él. Más adelante se deducen más atributos en la Suma, y hay mucho a cuyo conocimiento se accede por revelación y no es en absoluto demostrable por la razón (por ejemplo, la Santísima Trinidad, la Encarnación y la Redención).

III

Estas cinco vías no son ni mucho menos los únicos caminos para demostrar la existencia de Dios en la historia de la filosofía. Ha habido por lo menos dos docenas de muy diferentes tipos de intentos por demostrar la existencia de Dios (más abajo). Santo Tomás, en su cuidado y modestia, se limita sólo a las pruebas más científicas.

(Un resumen extremadamente breve de los 24 argumentos a favor de la existencia de Dios)

I. Ontológico (San Anselmo):

«Dios» significa «Aquello que posee todas las perfecciones concebibles»; y es más perfecto existir en la realidad que existir sólo en el entendimiento; por tanto, Dios existe en la realidad. El ser más perfecto concebible no puede carecer de una perfección concebible.

II. Cosmológico:

A. Movimiento: dado que ninguna cosa (ni serie de cosas) puede moverse (cambiarse) por sí misma, ha de existir un primer Motor Inmóvil, origen de todo movimiento.

B. Causalidad Eficiente: nada puede causar su propia existencia. Si no existiese una primera causa —no causada— de la cadena de causas y efectos que vemos, estas segundas causas intermedias no podrían existir. Éstas existen, de manera que aquélla tiene que existir.

C. Contingencia y necesidad: el ser contingente (seres con la posibilidad de no ser) depende de un ser necesario (un ser sin la posibilidad de no ser).

D.   Grados de perfección: los grados reales de las perfecciones reales presuponen la existencia de esa perfección en sí misma (el Ser Perfecto).

E.   Diseño: el diseño sólo puede ser causado por un Diseñador Inteligente. La naturaleza carente de intelecto no puede diseñarse a sí misma o surgir de manera fortuita.

F.   El Argumento del kalam (tiempo): el tiempo ha de tener un comienzo, un primer momento (la creación) que dé lugar a todos los demás momentos (el «Big Bang» parece confirmar esto: el tiempo tuvo un comienzo absoluto de quince a veinte millones de años atrás). Y el acto de la creación presupone un Creador.

III.   Psicológico:

A.   A partir de la mente y la verdad:

1.   San Agustín: nuestras mentes se hallan en contacto con una verdad absoluta, objetiva y eterna superior a nuestras propias mentes (por ejemplo, 2+2=4), y lo eterno es divino, no humano.

2.   Descartes: nuestra idea de un ser perfecto (Dios) no podría proceder de un origen imperfecto (causa), dado que el efecto no puede ser mayor que la causa. Así, tiene que haber procedido de Dios.

B.   A partir de la voluntad y el bien:

1.   Kant: la moralidad requiere un ideal perfecto, y requiere que este ideal sea real, que exista en la realidad, en alguna parte.

2.   Newman: la conciencia se expresa con una autoridad absoluta, que sólo podría proceder de Dios.

C.   A partir de las emociones y el deseo:

1.   C. S. Lewis: los deseos innatos corresponden a objetos reales, y nosotros tenemos un deseo innato (al menos inconsciente) de Dios, y del cielo.

2.   Von Balthasar: la belleza revela a Dios. Existe Mozart, por tanto tiene que existir Dios.

D.   A partir de la experiencia:

1.   Argumento existencial: si no existe Dios (ni la inmortalidad), en última instancia la vida carece de sentido.

2.   La experiencia mística encuentra a Dios.

3.   La experiencia religiosa ordinaria (la oración) encuentra a Dios (la oración del escéptico: «Dios, si existes, demuéstramelo»; un experimento real).

4.   El argumento del amor: si no existe un Dios de amor, un Absoluto que es amor, entonces el amor no es absoluto. O, la mirada del amor revela el valor infinito de la persona humana como imagen de Dios.

IV.   El argumento a partir de la analogía de otras mentes, que no son más difíciles de demostrar que Dios (Plantinga).

V.   El argumento práctico: la apuesta de Pascal. Apostar por la existencia de Dios es la única posibilidad que se tiene de ganar la felicidad eterna, y apostar en su contra es la única posibilidad que se tiene de perder. Es la apuesta más razonable en la vida.

VI.   Histórico:

A.   A partir de los milagros: si los milagros existen, ha de existir un obrador sobrenatural de dichos milagros.

B.   A partir de la Providencia, perceptible en la historia (por ejemplo, en las Sagradas Escrituras) y en la propia vida de uno.

1)   La primera y más clara[20] es la que se deduce del movimiento. Pues es cierto, y lo perciben los sentidos, que en este mundo hay movimiento. Y todo lo que se mueve es movido por otro. De hecho nada se mueve a no ser que, en cuanto potencia, esté orientado a aquello por lo que se mueve. Por su parte, quien mueve está en acto. Pues mover no es más que pasar de la potencia al acto. La potencia no puede pasar a acto más que por quien está en acto.

Ejemplo: El fuego, en acto caliente, hace que la madera, en potencia caliente, pase a caliente en acto. De este modo la mueve y cambia. Pero no es posible que una cosa sea lo mismo simultáneamente en potencia y en acto; sólo lo puede ser respecto a algo distinto. Ejemplo: Lo que es caliente en acto, no puede ser al mismo tiempo caliente en potencia, pero sí puede ser en potencia frío. Igualmente, es imposible que algo mueva y sea movido al mismo tiempo, o que se mueva a sí mismo. Todo lo que se mueve necesita ser movido por otro. Pero si lo que es movido por otro se mueve, necesita ser movido por otro, y éste por otro. Este proceder no se puede llevar indefinidamente, porque no se llegaría al primero que mueve, y así no habría motor alguno pues los motores intermedios no mueven más que por ser movidos por el primer motor. Ejemplo: Un bastón

C.   A partir de la autoridad: la mayor parte de las personas bondadosas, sabias, fiables cree en Dios.

D.   A partir de los santos: se ve a Dios a través de ellos. ¿De dónde obtienen su gozo y su fortaleza?

E.   A partir de Jesús: si Dios no es real, Jesús fue el mayor necio o la mayor farsa de la historia.

(Esta lista, si bien ilustrativa, no es exhaustiva. Maritain y Marcel, por ejemplo, han formulado otros argumentos más complejos a favor de la existencia de Dios.)

[20] Santo Tomás no está diciendo que la primera vía sea más fácil de seguir en sentido lógico (de hecho, es más compleja que cualquiera de las otras cuatro), sino que su premisa, o sus datos, son los datos más obvios. Se refiere al *movimiento*, es decir, no sólo a la locomoción (movimiento a través del espacio), sino a cualquier cambio. Cada una de las cinco vías se inicia con un dato diferente (movimiento, causalidad, posibilidad, grados de perfección y orden) y llega a la misma conclusión: Dios, bajo cinco atributos distintos: Primer Motor, Causa no Causada, Ser Necesario, Ser Más Perfecto, Mente Ordenadora.

no mueve nada si no es movido por la mano. Por lo tanto, es necesario llegar a aquel primer motor al que nadie mueve. En éste, todos reconocen a Dios[21].

---

[21] La parte difícil de esta prueba es la primera mitad, la que demuestra la proposición absurda: «todo lo que se mueve, es movido por otro». La segunda parte de la prueba, que a continuación demuestra que no puede haber un retroceso infinito en la cadena de motores, es un simple silogismo: si no existe un primer motor (inmóvil), no puede haber entonces motores intermedios (móviles); pero hay motores intermedios; por tanto existe el Primer Motor (cf. *Suma contra los Gentiles* 1, 13 para una versión extensa de este mismo argumento).

El *progreso* infinito en los *efectos* es posible sin contradicción, pero el *retroceso* infinito en las *causas* no lo es, ya que eso sería como un tren cuesta arriba compuesto por un número infinito de vagones sin una locomotora, o como una escalera con un número infinito de escalones que descansan cada uno sobre el inmediatamente inferior, pero sin un primer escalón. «Retroceso infinito» significa retroceso *indefinido*, sin un término o primer paso. No se refiere a un infinito positivo, real, como el atributo de Dios.

Y «primer», en esta demostración, no significa necesariamente «primero en el tiempo», sólo en causalidad. A veces una causa precede temporalmente a su efecto, como los padres nacen antes que sus hijos y el bate de béisbol se desplaza antes de que la bola reciba el golpe; pero en otras ocasiones, la causa y el efecto son simultáneos, como cuando los pisos de un edificio, los peldaños de una escalera o los libros en una pila descansan sobre el que tienen debajo. Ahí, también, ha de haber una causa primera (el piso, el peldaño o el libro de abajo del todo *causan* que los otros se mantengan), aunque no sea anterior en el tiempo.

Santo Tomás creía, por supuesto (porque lo había leído en el Génesis) que Dios era anterior en el tiempo al universo, pero no en el sentido de que Dios se halle *en* el tiempo o de que el tiempo fuese anterior al universo (igual que Einstein y al contrario que Newton, Santo Tomás no consideraba el tiempo como un trasfondo absoluto y previo al universo, sino como algo creado a la vez que el universo; para él, igual que para Einstein, el tiempo estaba relacionado con la materia y el movimiento, es decir, el universo, y no al revés), sino en el sentido de que no hay un retroceso infinito del tiempo, pues este retroceso del tiempo es finito: el universo únicamente ha existido durante un período finito de tiempo (este hecho se ha visto confirmado de manera reciente a cargo de los astrofísicos en la forma del «Big Bang» frente a los modelos del «estado estacionario» y «oscilante» del universo). Aun así, Santo Tomás no pensaba que la razón filosófica sin la revelación divina pudiese demostrar que el universo tuviese una edad finita, tal y como intentaba demostrar el argumento del «kalam» (tiempo) utilizado por ciertos filósofos medievales musulmanes y cristianos, porque Dios *podía* haber creado un universo con un tiempo infinito, coeterno junto con Él. Tal cosa no es *lógicamente* imposible, y, por tanto, no se puede demostrar su falsedad por medio de la lógica. El universo es finito en el tiempo sólo porque el libre albedrío de Dios eligió crearlo de esa manera.

2) La segunda es la que se deduce de la causa eficiente[22]. Pues nos encontramos que en el mundo sensible hay un orden de causas eficientes. Sin embargo, no encontramos, ni es posible, que algo sea causa eficiente de sí mismo, pues sería anterior a sí mismo, cosa imposible. En las causas eficientes no es posible proceder indefinidamente porque en todas las causas eficientes hay orden: la primera es causa de la intermedia; y ésta, sea una o múltiple, lo es de la última. Puesto que, si se quita la causa, desaparece el efecto, si en el orden de las causas eficientes no existiera la primera, no se daría tampoco ni la última ni la intermedia. Si en las causas eficientes llevásemos hasta el infinito este proceder, no existiría la primera causa eficiente; en consecuencia no habría efecto último ni causa intermedia; y esto es absolutamente falso. Por lo tanto, es necesario admitir una causa eficiente primera. Todos la llaman Dios.

3) La tercera es la que se deduce a partir de lo posible y de lo necesario. Y dice: Encontramos que las cosas pueden existir o no existir[23], pues pueden ser producidas o destruidas, y consecuentemente es posible que existan o que no existan. Es imposible que las cosas sometidas a tal posibilidad existan siempre, pues lo que lleva en sí mismo la posibilidad de no existir, en un tiempo no existió[24]. Si, pues, todas las cosas llevan en sí mismas

---

[22] Para Aristóteles, «causa eficiente» sólo significaba «causa de cambio, causa de la forma que determina la materia». Sin embargo, para Santo Tomás, significa también la causa de la propia *existencia* de su efecto. De esta manera, la segunda vía va más allá de la primera, que demostraba que Dios es la causa del movimiento universal; la segunda demuestra que Dios es la causa de la propia existencia del universo.

El argumento aquí es similar al de la segunda mitad de la primera vía: si no hay Primera Causa (no Causada), no hay causas intermedias; pero hay causas intermedias; por tanto hay una Primera Causa. El «retroceso infinito» es imposible porque supone un «no hay Primera Causa».

[23] «Las cosas pueden existir o no existir» = «cosas cuya existencia es contingente», «cosas que en potencia llevan tanto la existencia como la no existencia», «cosas que pueden dejar de existir o que pueden no llegar a existir». «Ser producidas» = «llegar a existir»; «ser destruidas» = «dejar de existir».

[24] Es decir, dado un tiempo infinito, toda posibilidad acaba por ser realizada.

N.B.: esta demostración, como las otras, es una *reductio ad absurdum*, que examina la hipótesis del ateísmo (no hay Dios, no hay Ser Necesario) y percibe que, en sentido lógico, dicha hipótesis implica una conclusión que es evidentemente falsa (de manera

la posibilidad de no existir, hubo un tiempo en que nada existió. Pero si esto es verdad, tampoco ahora existiría nada, puesto que lo que no existe no empieza a existir más que por algo que ya existe. Si, pues, nada existía, es imposible que algo empezara a existir; en consecuencia, nada existiría; y esto es absolutamente falso. Luego no todos los seres son sólo posibilidad; sino que es preciso algún ser necesario. Todo ser necesario[25] encuentra su necesidad en otro, o no la tiene. Por otra parte, no es posible que en los seres necesarios se busque la causa de su necesidad llevando este proceder indefinidamente, como quedó probado al tratar las causas eficientes (núm. 2). Por lo tanto, es preciso admitir algo que sea absolutamente necesario, cuya causa de su necesidad no esté en otro, sino que él sea causa de la necesidad de los demás. Todos le dicen Dios.

4)   La cuarta se deduce de la jerarquía de valores que encontramos en las cosas[26]. Pues nos encontramos que la bondad, la veracidad, la nobleza y otros valores se dan en las cosas. En unas más y en otras menos. Pero este *más* y este *menos* se dice de las cosas en cuanto que se aproximan *más* o *menos* a lo máximo. Así, caliente se dice de aquello que se aproxima más al máximo calor. Hay algo, por tanto, que es muy veraz, muy bueno, muy noble; y, en consecuencia, es el máximo ser; pues las cosas que son sumamente verdaderas, son seres máximos, como se dice en II *Metaphys*[27]. Comoquiera que en cualquier género,

que la hipótesis ha de ser falsa), esto es, que ahora no existe nada, pues si ha habido un tiempo infinito (que ha de haber sido si no hay creador), entonces toda posibilidad ha debido de tener tiempo suficiente para realizarse, incluida la posibilidad de la no existencia simultánea de todos los seres contingentes.

[25] La segunda mitad de esta demostración, que habla de la pluralidad de seres necesarios, se refiere a los ángeles (en términos bíblicos) inmutables o «intelectos» (en términos aristotélicos) no corpóreos.

[26] La cuarta *manera* presupone algo que, excepto unos pocos sofistas de la antigua Grecia y escépticos de la antigua Roma, todo el mundo aceptó hasta los tiempos modernos, y que la mentalidad moderna tiende a encontrar incomprensible, esto es, que los «valores» son objetivos, que los juicios de valor son juicios de hecho: por ejemplo, que un hombre tiene *realmente* más valor que un simio.

[27] El concepto de grados de ser al igual que de bondad, y de un «ser máximo» al igual que un «bien máximo», probablemente resultará muy extraño para el lector

lo máximo se convierte en causa de lo que pertenece a tal género —así el fuego, que es el máximo calor, es causa de todos los calores, como se explica en el mismo libro—, del mismo modo hay algo que en todos los seres es causa de su existir, de su bondad, de cualquier otra perfección. Le llamamos Dios[28].

5) La quinta se deduce a partir del ordenamiento de las cosas. Pues vemos que hay cosas que no tienen conocimiento, como son los cuerpos naturales, y que obran por un fin. Esto se puede comprobar observando cómo siempre o a menudo obran igual para conseguir lo mejor. De donde se deduce que, para alcanzar su objetivo, no obran al azar, sino intencionadamente. Las cosas que no tienen conocimiento no tienden al fin sin ser dirigidas por alguien con conocimiento e inteligencia, como la flecha por el arquero. Por lo tanto, hay alguien inteligente por el que todas las cosas son dirigidas al fin. Le llamamos Dios[29].

Respuesta a las objeciones: 1. *A la primera hay que decir:* Escribe Agustín en el *Enchiridio: Dios, por ser el bien sumo, de ninguna manera permitiría que hubiera algún tipo de mal en sus obras, a no ser que, por ser omnipotente y bueno, del mal sacara un bien.* Esto

---

moderno, pero una cosa ha de *ser* primero antes de poder ser buena (de manera que todo cuanto posea bondad, también ha de poseer ser), y todo cuanto posee ser, también posee alguna bondad (cf. S.T. I, 5, 3); por tanto, la bondad y el ser son coextensivos. El concepto de grados del ser se puede entender si recordamos que el significado de «ser» no se reduce sólo a existencia («ser o no ser») sino también esencia (*lo que es* una cosa, su naturaleza), y este segundo aspecto de ser admite grados.

[28] El quid del argumento es que «mejor» implica «lo mejor». Dicho de una manera dinámica, el progreso supone la existencia de una vara de medir inmutable con la que valorar tal progreso. Si esa vara o nivel también progresase, ¿cómo íbamos a poder progresar para alcanzarla? ¿Cómo íbamos a alcanzar, o siquiera acercarnos a una meta que se moviese con nosotros?

El ejemplo que pone Santo Tomás para este principio (el fuego) es, por supuesto, científicamente malo, pero una ilustración inválida no invalida el principio.

[29] Esto se conoce a menudo como el «argumento del diseño». Quizá sea el argumento más popular e instintivamente obvio de todos a favor de la existencia de Dios. Como dijo Paley, si nos encontramos un reloj, es razonable concluir que existe un fabricante de relojes.

pertenece a la infinita bondad de Dios, que puede permitir el mal para sacar de él un bien[30].

2. *A la segunda hay que decir:* Como la naturaleza obra por un determinado fin a partir de la dirección de alguien superior, es necesario que las obras de la naturaleza también se reduzcan a Dios como a su primera causa. De la misma manera también, lo hecho a propósito es necesario reducirlo a alguna causa superior que no sea la razón y voluntad humanas; puesto que éstas son mudables y perfectibles. Es preciso que todo lo sometido a cambio y posibilidad sea reducido a algún primer principio inmutable y absolutamente necesario, tal como ha sido demostrado (sol.)[31].

[30] Igual que las Escrituras, San Agustín y Santo Tomás responden al problema del mal no por medio de una fórmula intemporal, sino con una dramática promesa para el futuro: dado que el mal se produce en la historia, su solución también se produce en la historia. El mayor ejemplo en la historia tanto del mal como de Dios generando el bien a partir de éste es la Crucifixión.

[31] Las ciencias naturales y humanas no necesitan de por sí hacerse preguntas acerca de un origen último, pero la filosofía sí. Una vez queda planteada la cuestión del origen último de los datos de las ciencias naturales y humanas, las cinco vías demuestran que Dios es la única respuesta a esa cuestión.

III.   LA NATURALEZA DE DIOS

Cuestión 3

Sobre la simplicidad de Dios

Cuando de algo se sabe que existe, falta por averiguar *cómo es* para que se puede llegar a saber *qué es*[1]. Comoquiera que de Dios no podemos saber *qué es* sino qué no es, al tratar de Dios no podemos centrarnos en cómo es, sino, mejor, en cómo no

---

[1] N.B.: para Santo Tomás, esencia, «qué es» = modo de existencia («cómo es») en última instancia. La esencia está relacionada con la existencia en término de potencia y acto. La existencia (*esse*) es el acto último y por tanto también la naturaleza (esencia) de Dios. Sólo en Él esencia y existencia son idénticas.

es[2]. Por lo tanto, lo primero a tratar será cómo no es; lo segundo, cómo es conocido por nosotros; lo tercero, cómo llamarle[3].

El *cómo no es* Dios puede demostrarse no aplicándole todo lo que es incompatible con Él: la composición, el movimiento y cosas parecidas. Primero investigaremos su simplicidad[4], para lo cual no se le aplica la composición. Y puesto que en las cosas corporales lo simple es imperfecto y divisible, en segundo lugar investigaremos su perfección. En tercer lugar, su infinitud. En cuarto lugar, su inmutabilidad. En quinto lugar, su unidad.

Lo primero plantea y exige respuesta a ocho problemas: 1. ¿Es o no es cuerpo Dios?—2. ¿Hay o no hay en Él composición a partir de la materia y la forma?—3. ¿Hay o no hay en Él composición de esencia-naturaleza y de sujeto?—4. ¿Hay o no hay en Él composición derivada de su esencia y existencia?—5. ¿Hay o no hay en Él composición de género y diferencia?—6. ¿Hay o no hay en Él composición de sujeto

---

[2] Nótese cuán escrupuloso es Santo Tomás a la hora de limitar el conocimiento de Dios y de qué manera tan fructífera desarrolla ese conocimiento dentro de tales límites. Cf. S.T. I, 13, 5: hemos de escoger entre un conocimiento positivo aunque analógico de Dios (*cómo* es Dios, no *qué* es) y un conocimiento unívoco si bien negativo de Dios (qué *no* es).

[3] N.B.: estas tres cuestiones corresponden a los tres significados del *lógos* en la lengua y la filosofía griegas: 1) ser inteligible; 2) inteligencia, y 3) comunicación; o 1) esencia; 2) concepto, y 3) palabra. Gorgias el sofista formuló una filosofía de total escepticismo con sus tres tesis que decían que 1) no hay un Ser (es decir, ser inteligible, *lógos*); 2) de haberlo, no podríamos tener conocimiento (*lógos*) de tal ser, y 3) si pudiéramos conocerlo, no podríamos tener comunicación (*lógos*) de éste. La historia de la filosofía occidental ha pasado también por tres etapas correspondientes: 1) la Edad Antigua y Medieval, que se concentraba en la metafísica (ser); 2) el período clásico moderno, concentrado en la epistemología (conocimiento), y 3) el período contemporáneo, centrado en la filosofía del lenguaje y la comunicación del significado.

[4] Santo Tomás deduce muchos otros atributos (en sentido negativo) de Dios a partir del atributo único de la simplicidad (ausencia de composición), pues hay muchos tipos de composición que negar (véase el siguiente párrafo).

En este párrafo (correspondiente a la nota al pie), nótese que los atributos divinos del segundo al quinto son todos negativos conforme a nuestro entendimiento, si bien son positivos en sí mismos. Nuestra idea de la perfección, infinitud, inmutabilidad y unidad de Dios es negativa porque proviene de nuestra idea de imperfección, finitud, temporalidad y pluralidad: negamos que éstas le sean aplicables a Dios. No poseemos un entendimiento positivo de la perfección, infinitud, inmutabilidad y unidad de Dios.

y accidente?—7. ¿Es de algún modo compuesto o absolutamente simple?—8. ¿Forma o no forma compuesto con otras cosas?

ARTÍCULO 7

Dios, ¿es o no es absolutamente simple?

Objeciones por las que parece que Dios no es absolutamente simple:

[…]

2.   Más aún. Todo lo mejor hay que atribuirlo a Dios. Pero para nosotros lo compuesto es mejor que lo simple, como los cuerpos compuestos son más perfectos que sus elementos y los elementos más que sus partes. Por lo tanto, no puede decirse que Dios sea completamente simple.

[…]

Solución. *Hay que decir:* Dios es absolutamente simple, lo cual puede demostrarse de muchas maneras. 1) *La primera*, por todo lo dicho anteriormente (q.3). Comoquiera que en Dios no hay composición ni partes de cantidad porque no es cuerpo; ni hay composición de forma y de materia, ni de naturaleza y supuesto, ni de género y diferencia, ni de sujeto y accidente, queda claro que Dios no es compuesto de ningún tipo, sino completamente simple[5]. 2) *La segunda*, porque todo compuesto es posterior a sus componentes y dependiente de ellos. En cambio, Dios es el primer ser, como quedó demostrado (q.2 a.3). 3) *La tercera*, porque todo compuesto tiene causa, pues donde hay diversidad no se puede formar un todo si no es por una causa que lo unifica. En cambio, Dios no tiene causa, ya que es la primera causa eficiente, como quedó demostrado (q.2 a.3). 4) *La cuarta*, porque en todo compuesto es necesario que haya potencia y acto, que en Dios no existe; porque una parte es acto

---

[5] Éste es un argumento inductivo por enumeración completa. Ninguno de los seis tipos de composición puede existir en Dios, por tanto, en Dios no puede existir composición.

con respecto a otra, o, al menos, todas las partes están como en potencia respecto del todo.

[...]

Respuesta a las objeciones: [...] 2.   *A la segunda hay que decir*. Para nosotros, los compuestos son mejores que los simples, porque la bondad perfecta de lo creado no se encuentra en uno solo, sino entre muchos. Pero la perfección de la bondad divina se encuentra en uno simple, como quedará demostrado (q.4 a.2 ad 1).

CUESTIÓN 8

Sobre la presencia de Dios en las cosas[6]

ARTÍCULO 1

Dios, ¿está o no está en todas las cosas?

Objeciones por las que parece que Dios no está en todas las cosas:

1. Lo que está sobre todo no está en todo. Pero Dios está sobre todo, siguiendo aquello del Sal 112, 4: *Excelso es el Señor sobre todos los pueblos.* Luego Dios no está en todas las cosas[7].

2. Más aún. Lo que está en algo, está contenido. Pero Dios no está contenido por las cosas, sino que, más bien, Dios contiene lo creado. Luego Dios no está en las cosas sino, más bien, las cosas están en Él. De ahí que Agustín en el libro *Octoginta trium quaest.* diga que *todas las cosas están en Él más que Él en parte alguna.*

3. Todavía más. Cuanto más poderoso es un agente, tanto más lejos llega su eficacia. Pero Dios es el más poderoso agente. Luego su acción puede llegar hasta las cosas más distantes de Él; no siendo necesario que esté en todas las cosas.

4. Por último. También los demonios son realidades creadas. Pero Dios no está en los demonios, ya que, como se dice en 2 Cor 6, 14, *no hay comunión posible entre la luz y las tinieblas.* Luego Dios no está en todas las cosas.

---

[6] La cuestión anterior exploraba la trascendencia de Dios y su diferencia de todas las cosas: el cristianismo no es panteísta. Esta cuestión explora la *presencia*, la inmanencia de Dios en todas las cosas: el cristianismo tampoco es deísta.

[7] La primera objeción asume, en efecto (en su primera frase), que el deísmo y el panteísmo son las dos únicas posibilidades, porque opera en las categorías imaginativo-sensoriales de «dentro» y «fuera» (o «sobre»). La respuesta interpreta estas dos preposiciones en sentido metafísico y no físico. Lo mismo sucede con la segunda objeción y su respuesta.

En cambio, allí donde algo actúa, allí está presente[8]. Pero Dios actúa en todos, según aquello de Is 26, 12: *Señor, Tú lo has hecho todo en nosotros.* Luego Dios está en todas las cosas.

Solución. *Hay que decir:* Dios está en todas las cosas, no dividiendo su esencia, o por accidente, sino como el agente está presente en lo que hace. Es imprescindible que el agente esté en contacto con lo que hace directamente y lo llene con su poder. En el VII *Physic.* se prueba que el motor y lo movido van juntos. Comoquiera que Dios es por esencia el mismo ser, es necesario que el ser creado sea su propio efecto, como quemar es el efecto propio del fuego. Este efecto lo causa Dios en las cosas no sólo cuando empiezan a existir, sino a lo largo de su existir[9], como la luz que el sol provoca en el aire se mantiene mientras el aire está iluminado. Así, pues, cuanto más existe una cosa, tanto más es necesaria en ella la presencia de Dios según el modo propio de ser. Además, el ser es lo más íntimo de una cosa, lo que más la penetra, ya que es lo formal de todo lo que hay en la realidad, como quedó demostrado (q.4 a.1 ad 3). Por todo lo cual se concluye que Dios está en todas las cosas íntimamente[10].

---

[8] ¡Y nosotros también! Nuestro ser no está confinado dentro de nuestra piel —eso es *epidermidolatría,* o idolatría de la epidermis—, sino que es como un campo magnético. La frase a la que hace referencia esta nota al pie constituye también la esencia de la Teoría del Campo de Einstein respecto de la materia, frente a la noción de Newton de una materia que sólo existía dentro de los límites de su superficie. Einstein definió la existencia de un cuerpo físico allá donde éste producía un efecto.

[9] Esto distingue de manera nítida el cristianismo del deísmo. Un carpintero no causa la existencia en sí de la casa que construye, sólo su forma, por tanto, cuando el carpintero deja de trabajar, la casa continúa existiendo; pero, si Dios dejase de «trabajar» (cf. Jn 5, 17) se destruiría esa existencia en sí de todas las cosas, pues se trata de su obra.

[10] Gilson llama a esto el «gran silogismo»:
1. El ser es íntimo en todas las cosas.
2. Pero Dios es Ser (su esencia es existencia).
3. Por tanto, Dios es íntimo en todas las cosas.

Nada es más interno, presente e íntimo en todos los seres que Dios. Dios, por así decirlo, activa desde dentro todos los seres.

N.B.: Dios puede así estar presente y ser íntimo de forma suprema sólo porque es trascendente de manera suprema, es decir, es existencia pura, infinita, no una existencia limitada por una esencia finita. Si Él fuese una de tantas esencias, no podría encontrarse presente en esencias opuestas. El azul no puede estar presente en el rojo

Respuesta a las objeciones: 1. *A la primera hay que decir:* Dios está sobre todo por la excelencia de su naturaleza; sin embargo, está en todas las cosas como causa de su ser, como se dijo anteriormente (sol.).

2. *A la segunda hay que decir:* Puede decirse que lo corporal está en algo como en su continente; sin embargo, lo espiritual contiene aquello en lo que está, como el alma contiene el cuerpo[11]. De ahí que Dios esté en todas las cosas como el que contiene la realidad. Sin embargo, por cierta semejanza con lo corporal, se dice que todas las cosas están en Dios en cuanto están contenidas por Él.

3. *A la tercera hay que decir:* No hay acción de ningún agente, sea cual sea su fuerza, que llegue a algo distante sin mediación. Pero corresponde a la absoluta fuerza de Dios obrar directamente en todos. De ahí que nada esté distante de Él, pues nada hay que no tenga en sí a Dios. Sin embargo, se dice que las cosas están distantes de Dios por la desemejanza de naturaleza y de gracia, pues Él es superior a todo por la excelencia de su naturaleza[12].

4. *A la cuarta hay que decir:* En los demonios hay que distinguir entre su naturaleza, que proviene de Dios, y su culpa, que no proviene de Él. Así, no es admisible en absoluto sostener que Dios esté en los demonios, sino sólo añadiendo: *en cuanto*

---

porque se trata de una esencia diferente, pero la luz incolora puede hallarse presente en el rojo, en el azul y en todos los colores. Dios (y la existencia) es como la luz en esta analogía. Cf. también el artículo 2.

[11] Una analogía física algo alejada podría ser la del mar, «en» un barco hundido. La analogía de Santo Tomás es mejor: el cuerpo se halla «en» el alma, y no al revés, como solemos pensar (¡qué materialista es nuestra forma habitual de pensar!). Hasta el propio Descartes cayó víctima de este pensamiento-visualización imaginativo-sensorial cuando afrontaba el problema de la mente y el cuerpo. ¡Durante un tiempo pensó que el alma podía hallarse «en» la glándula pineal! Y nosotros a menudo pensamos aún que la mente se encuentra «en» el cerebro. Eso es como pensar que un programador informático se halla «en» su hardware. Si el programador trasciende su software, ¡pues no digamos su hardware!

[12] Dios es trascendente en *naturaleza*, no en *localización*. Está aquí, ahora, presente en este lugar y en este momento, y en todos los lugares y momentos. Dios es trascendente en su naturaleza e inmanente en su presencia.

son determinadas cosas. Por otra parte, en las cosas cuya naturaleza no está deformada, se puede sostener absolutamente que Dios está presente.

CUESTIÓN 9

Sobre la inmutabilidad de Dios

ARTÍCULO 1

Dios, ¿es o no es completamente inmutable?

Objeciones por las que parece que Dios no es completamente inmutable:
[…]
3. Todavía más. Acercarse y alejarse significan movimiento. Así, en la Escritura (Sant 4, 8), se dice: *Acercaos a Dios y Dios se acercará a vosotros.* Luego Dios es mutable[13].

En cambio está lo que se dice en Mal 3, 6: *Yo soy Dios, y no me mudo.*

Solución. *Hay que decir:* De lo establecido queda claro que Dios es completamente inmutable. *Primero,* porque, tal como quedó demostrado (q.2 a.3), existe un primer ser a quien llamamos Dios. Por ser primer ser requiere ser acto puro sin mezcla alguna de potencialidad, pues la potencia es absolutamente posterior al acto (q.3 a.1). Todo lo que de una manera u otra se muda, de un modo u otro está en potencia. Por lo cual, es imposible que Dios de algún modo se mueva. *Segundo,* porque todo lo que se mueve, con respecto a algo permanece, y con respecto a algo cambia. Ejemplo: La blancura que se cambia en negritud permanece en su sustancia. Así, en todo lo que se mueve hay alguna composición. Quedó demostrado (q.3 a.7) que en Dios no hay ningún tipo de composición sino que es completamente simple. Por todo lo cual queda claro que Dios no puede mudarse. *Tercero,* porque todo lo que se mueve, por

---

[13] El principal argumento religioso a favor de la moderna «teología del proceso» es que, para fundamentar teológicamente la relación cambiante con Dios que se experimenta y que ilustra este versículo, es necesario un Dios mutable y cambiante. Se alega que un Dios inmutable haría de esta relación vivida, real, algo imposible.

su movimiento adquiere algo que antes no tenía. Dios, por ser infinito, comprehende en sí mismo toda la plenitud de perfección de todo el ser (q.7 a.1) no pudiendo adquirir nada ni ampliarse en algo que antes no tuviera. De ahí que de ningún modo puede atribuírsele movimiento[14].

[…]

Respuesta a las objeciones: […] 3. *A la tercera hay que decir:* En la Escritura se dicen cosas de Dios en sentido metafórico. Así como se dice que el sol entra y sale en la casa cuando sus rayos llegan hasta la casa, así también se dice que Dios se acerca o se aleja de nosotros cuando recibimos el influjo de su bondad o cuando lo echamos en falta[15].

[14] Como de costumbre, el único recurso que le queda a quien quiere negar la conclusión (la inmutabilidad de Dios) es negar la premisa (que Dios es real, uno e infinito; ni potencia, ni compuesto ni finito).

[15] De ahí que se hable de la experiencia de una *relación* cambiante.

CUESTIÓN 13

Sobre los nombres de Dios

ARTÍCULO 5

Los nombres dados a Dios y las criaturas, ¿son o no son dados unívocamente a ambos?

En cambio, lo que se dice de algo con el mismo nombre, pero con distinto sentido, se está diciendo equívocamente[16]. Pero ningún nombre se da a Dios con el mismo sentido con que se da a las criaturas. Pues la sabiduría en las criaturas es una cualidad; en Dios, no[17]. Y el género, al variar cambia el concepto, ya que es parte de la definición. Lo mismo puede decirse de otras cosas. Por lo tanto, lo que se dice de Dios y de las criaturas, se dice equívocamente.

Por otra parte, más se distingue Dios de las criaturas que cualquiera de las criaturas entre sí. Pero por la diferencia existente entre algunas criaturas sucede que nada se puede decir

---

[16] Si Santo Tomás mantuviese que de Dios y de las criaturas se pudiesen decir predicados unívocos (es decir, que significaran lo mismo cuando se utilizasen como predicados para describir a Dios y a las criaturas), tendría una concepción antropomórfica de Dios y una concepción racionalista de la mente humana. Si sostuviese que todos los términos predicados respecto de Dios y de las criaturas son equívocos, sería agnóstico en lo referente a Dios y escéptico en cuanto a la mente humana. Los predicados de carácter analógico se encuadran entre estos dos extremos tan populares. Los términos unívocos acerca de Dios son negativos, y los términos positivos acerca de Dios son analógicos.

En este artículo, «equívoco» se utiliza en sentido amplio, con un simple significado de «no unívoco». Más adelante, en el cuerpo del artículo, Santo Tomás utiliza «equívoco» en un sentido más limitado, como distinto de «analógico» y también de «unívoco».

[17] Los atributos de Dios no son accidentes, cualidades añadidas a su sustancia. Dios es su sabiduría, su verdad, su rectitud, etcétera. Cf. Jn 11, 25; 14, 6. Por tanto, «sabio» en «ese hombre es sabio» se halla en el género *cualidad*, mientras que «sabio» en «Dios es sabio» no. Si se hallase en algún género, sería sustancia, pues todo en Dios es su sustancia o esencia.

de todas unívocamente; al igual que de aquellas cosas que no concuerdan en algún género. Luego mucho menos se puede decir algo unívocamente de Dios y de las criaturas; sino que todo deberá decirse equívocamente[18].

Solución. *Hay que decir:* [...] Igualmente, como ya se dijo (a.4), todas las perfecciones de las cosas, que en la realidad creada se encuentran en forma divisa y múltiple, en Dios preexisten en forma única.

Así pues, cuando algún nombre que se refiera a la perfección es dado a la criatura, expresa aquella perfección como distinta por definición de las demás cosas. Ejemplo: cuando damos al hombre el nombre de *sabio*, estamos expresando una perfección distinta de la esencia del hombre, de su capacidad, de su mismo ser y de todo lo demás. Pero cuando este nombre lo damos a Dios, no pretendemos expresar algo distinto de su esencia, de su capacidad o de su ser. Y así, cuando al hombre se le da el nombre de *sabio*, en cierto modo determina y comprehende la realidad expresada. No así cuando se lo damos a Dios, pues la realidad expresada queda como incomprehendida[19] y más allá de lo expresado con el nombre. Por todo lo cual se ve que el nombre *sabio* no se da con el mismo sentido a Dios y al hombre. Lo mismo cabe decir de otros nombres. De donde se concluye que ningún nombre es dado a Dios y a las criaturas unívocamente.

Pero tampoco equívocamente, como dijeron algunos. Pues, de ser así, partiendo de las criaturas nada de Dios podría ser conocido ni demostrado, sino que siempre se caería en la falacia de la equivocidad. Y esto va tanto contra los filósofos que demuestran muchas cosas de Dios, como contra el Apóstol cuando dice en Rom 1, 20: *Lo invisible de Dios se hace comprensible y visible por lo creado.*

---

[18] Compárese el significado de «bueno» en «perrito bueno», «buen hombre» y «buen Dios». La bondad del hombre se halla más próxima a la bondad del perro —aunque éste carezca de razón y moralidad— que a la bondad de Dios, pues dos objetos finitos están más cerca el uno del otro de lo que cualquiera de ellos lo está del infinito.

[19] «Incomprehendida» no significa «totalmente desconocida», sino «no abarcada o controlada», no *adecuadamente* conocida. Cf. I, 12, 7 para lo que Santo Tomás entiende por «comprehensión».

Así pues, hay que decir que estos nombres son dados a Dios y a las criaturas por analogía, esto es, proporcionalmente[20]. Lo cual, en los nombres se presenta de doble manera. 1) O porque muchos guardan proporción a una cosa, como *sano* se dice tanto de la medicina como de la orina, ya que ambos guardan relación y proporción a la salud del animal, la orina como signo y la medicina como causa. 2) O porque uno guarda proporción con otro, como *sano* se dice de la medicina y del animal, en cuanto que la medicina es causa de la salud que hay en el animal. De este modo, algunos nombres son dados a Dios y a las criaturas analógicamente, y no simplemente de forma equívoca o unívoca. Pues no podemos nombrar a Dios a no ser partiendo de las criaturas, como ya se dijo (a.1). Y así, todo lo que se dice de Dios y de las criaturas se dice por la relación que la criatura tiene con Dios como principio y causa, en quien preexisten de modo sublime todas las perfecciones de las cosas. Este modo de interrelación es el punto medio entre la pura equivocidad y la simple univocidad. Pues en la relación analógica no hay un solo sentido, como sucede con los nombres unívocos, ni sentidos totalmente distintos, como sucede con los equívocos[21] [...].

[20] Es decir, la sabiduría en Dios es infinita y una con la esencia de Dios porque es proporcional al ser de Dios, que es infinito y uno con su esencia, mientras que la sabiduría en el hombre es finita y distinta de su esencia porque es proporcional al ser del hombre, que es finito y está compuesto de esencia más existencia.

[21] De este modo, para resumir, todos los nombres de Dios y todos aquellos términos que de Él se pueden decir como predicados designan o 1) la esencia de Dios (Ser, existencia, YO EXISTO), o 2) lo que *no* es Dios (términos unívocos negativos como «eterno» [no temporal] o «inmaterial»), o 3) *cómo* es Dios (términos positivos analógicos como «sabio» y «bueno»), o 4) *relaciones* con Dios (por ejemplo, «Creador», «Señor», «Redentor»), o 5) simples metáforas («Roca», «León»).

CUESTIÓN 14

Sobre la ciencia de Dios

ARTÍCULO 5

¿Conoce o no conoce Dios lo distinto a Él?[22]

Objeciones por las que parece que Dios no conoce lo distinto a Él:

[…]

2.   Más aún. Lo conocido perfecciona al que conoce. Luego, si Dios conociera lo distinto a Él, algo perfeccionaría a Dios y sería más noble que Él mismo. Lo cual es imposible.

3.   Todavía más. El mismo conocer toma su especie [determinación] de lo inteligible, como todo acto lo hace de su objeto. De ahí que el conocer sea tanto más noble cuanto lo sea lo que se conoce. Pero, como se ha dicho (a.4), Dios es su mismo entender. Así, pues, si Dios conoce algo distinto de sí mismo, el mismo Dios quedará especificado [determinado] por algo distinto de sí mismo. Esto es imposible. Por lo tanto, no conoce lo distinto de sí mismo.

En cambio está lo que se dice en Heb 4, 13: *Todo está desnudo y abierto ante tus ojos.*

Solución. *Hay que decir:* Es necesario que Dios conozca lo distinto a Él. Es evidente que Él se conoce a sí mismo perfec-

---

[22] Este tema es crítico para la Edad Media dado que Aristóteles, cuyo discurso parecía encarnar la razón, contradecía aquí la fe y la revelación divina. Aristóteles enseñaba que Dios, al ser perfecto, conocía sólo aquello cuya perfección merecía ser conocida, esto es, Él mismo, y no conocía, ni amaba ni cuidaba de manera providencial de otra cosa que Sí mismo. Para preservar la síntesis de fe y razón y demostrar el carácter razonable de la fe cristiana, Santo Tomás tuvo que mostrar el error racional de Aristóteles aquí. En el cuerpo del artículo, Santo Tomás da validez al conocimiento por parte de Dios de otros objetos distintos de Sí mismo sin poner en compromiso su perfección ni su unidad, ni rebajarlo al modo de conocer sujeto-objeto propio del ser humano, y lo hace volviendo a apelar, como hace con tanta frecuencia, al hecho de la creación.

tamente: en caso contrario, su ser no sería perfecto, ya que su ser es su entender. Si algo se conoce perfectamente, es necesario que conozca también perfectamente su capacidad. Pero la capacidad de algo no se puede conocer perfectamente a no ser que se conozca aquello a lo que llega tal capacidad. Por lo tanto, comoquiera que la capacidad divina se extiende a otras cosas, pues es la primera causa efectiva de todo, como quedó demostrado (q.2 a.3), es necesario que Dios conozca lo distinto a Él. [...]

Respuesta a las objeciones: [...] 2. *A la segunda hay que decir:* Lo conocido perfecciona al que conoce, no sustancialmente, sino específicamente, esto es, tal como está la especie en el entendimiento, como su forma y perfección: *La piedra no está en el alma, sino su especie,* como se dice en III *De Anima.* Lo que es distinto de Dios es conocido por Dios en cuanto que la esencia de Dios contiene toda especie, como ya se dijo (sol.). Por lo tanto, no puede deducirse que algo, a excepción de la misma esencia de Dios, perfeccione el entendimiento divino.

3. *A la tercera hay que decir:* El conocer no se especifica por lo que se conoce en otro, sino por el objeto principal en el que se contiene lo demás. [...] [Esto] en Dios no es más que su esencia en la que están comprendidas toda las especies. Consecuentemente, no es necesario que el entender divino, o mejor, el mismo Dios, se especifique por algo que no sea la esencia divina.

ARTÍCULO 8

La ciencia de Dios, ¿es o no es causa de las cosas?

Objeciones por las que parece que la ciencia de Dios no es causa de las cosas.

[...]

En cambio está lo que dice Agustín en XV *De Trin.:Todas las criaturas, espirituales y materiales, no porque existan las conoce Dios, sino que existen porque las conoce*[23].

---

[23] Cf. Sal 1, 6. La «revolución copernicana» de la epistemología de Kant (la mente del hombre, más que conocer la forma, la impone), y, todavía más, la epistemología

Solución. *Hay que decir:* La ciencia de Dios es la causa de las cosas. Pues la ciencia de Dios es a las cosas creadas lo que la ciencia del artista a su obra. La ciencia del artista es causa de sus obras: […] [Pero] la forma inteligible no es principio de acción en cuanto que está en el que conoce, a no ser que se le añada una tendencia al efecto, cosa que sucede por la voluntad.

[…]

Respuesta a las objeciones: […] 3. *A la tercera hay que decir:* Las cosas naturales son el punto medio entre la ciencia de Dios y la nuestra. Pues nosotros adquirimos la ciencia a partir de las cosas naturales cuya causa es Dios por su ciencia. Por lo tanto, así como las cosas naturales que pueden ser conocidas son anteriores a nuestra ciencia y también su medida, así también la ciencia de Dios es anterior a las cosas naturales y su medida. Sucede algo así como un edificio que es el punto medio entre la ciencia del arquitecto que lo hizo y la ciencia de aquel que lo conoce después de hecho[24].

de su sucesor, Fichte, en la cual la mente (ego) crea (postula) la materia tanto como la forma, es bastante incorrecta referida al hombre, pero bastante correcta referida a Dios.

[24] Cf. 16, 1. Aquí se halla implícita toda una visión del mundo. Parece como si la ciencia humana estuviera leyendo la ciencia de Dios (pues, según la máxima medieval, «Dios escribió dos libros, la naturaleza y las Escrituras»). Esta visión era tan habitual para el hombre del medievo como la visión secular-científica-empiricista-materialista-positivista del mundo lo es para el hombre moderno. La visión medieval del mundo incluye, abarca y expande la moderna:

En estos dos diagramas, tanto las flechas como los círculos concéntricos representan la relación de determinación, formación o creación [fabricación]. El nivel más inferior, o el círculo más pequeño, es en relación con el superior o más grande.

CUESTIÓN 16

Sobre la verdad

ARTÍCULO 8

La verdad, ¿es o no es inmutable?[25]

[...]

Solución. *Hay que decir:* Como ya se dijo (a.1), propiamente la verdad está en el entendimiento, y las cosas son llamadas verdaderas por la verdad que hay en algún entendimiento. Por lo tanto, la mutabilidad de la verdad hay que analizarla con respecto al entendimiento [...].

Por lo tanto, si hay algún entendimiento en el que no pueda darse un cambio de opinión, o al que no se le escape nada, en él la verdad es inmutable. Como se demostró (q.14 a.15), un entendimiento así lo es el divino. Por eso, la verdad del entendimiento divino es inmutable. En cambio, la verdad de nuestro entendimiento es cambiable. No porque ella esté sometida a mutación, sino porque nuestro entendimiento pasa de la verdad a la falsedad[26] [...].

[25] Aquí, el argumento de Santo Tomás parte de la eternidad del entendimiento divino hacia la eternidad de la verdad. El de San Agustín partía de la eternidad de la verdad hacia la existencia de un entendimiento divino eterno.

[26] N.B.: incluso la verdad que *nosotros* conocemos (verdad objetiva) resulta no ser cambiable si se trata de una verdad referente a cosas no cambiables, como «la justicia es una virtud» o «2+2=4», en lugar de referirse a cosas cambiables como «César cruzó el Rubicón»; pero nuestro *conocimiento* de ella es un *conocimiento* cambiable u opinión (verdad subjetiva).

Cuestión 19

Sobre la voluntad de Dios

Artículo 5

¿Hay o no hay alguna causa que determine la voluntad de Dios?

Objeciones por las que parece que hay alguna cosa que determine la voluntad de Dios:

1. Dice Agustín en el libro *Octoginta trium quaest.*: *¿Quién osará decir que Dios lo hizo todo de un modo irracional?* Pero en quien obra voluntariamente, la razón de obrar es también la causa de querer. Luego la voluntad de Dios tiene alguna causa[27].

2. [...] Si su voluntad no es causa alguna, no sería necesario buscar en las cosas naturales ninguna causa a no ser la voluntad divina. De ser así, las ciencias que buscan las causas de los efectos, serían del todo inútiles [...].

Solución. *Hay que decir*: De ninguna manera la voluntad de Dios tiene alguna causa. Para demostrarlo, hay que tener presente que, como la voluntad sigue al entendimiento, sucede que del mismo modo causa el querer en quien quiere y el conocer en quien conoce. En el entendimiento ocurre que, si por una parte conoce el principio y por otra la conclusión, el conocimiento del principio causa el conocimiento de la conclusión. Pero si el entendimiento es el mismo principio y viera la conclusión, aprehendiendo principio y conclusión en un único acto, el conocimiento de la conclusión no estaría causado por el conocimiento del principio, porque lo mismo no es causa de sí mismo. Sin embargo, comprendería que los principios causan

---

[27] Cf. la pregunta de Sócrates en el *Eutifrón*: «¿Acaso es pía una cosa porque a los dioses les agrada, o les agrada ésta a los dioses porque es pía?». El problema es evitar tanto la imperfección intelectual de la arbitrariedad (la primera alternativa en la pregunta de Sócrates) como la imperfección volitiva de una voluntad de Dios formada, determinada y juzgada por aquello que es externo a Él (la segunda alternativa de Sócrates).

la conclusión. Algo similar sucede con la voluntad, en la que el fin guarda con los medios la misma relación que, en el entendimiento, tienen los principios con las conclusiones. Por lo tanto, si, con un acto, alguien quiere el fin, y, con otro, los medios, querer el fin sería para él la causa de querer los medios. Pero si con un solo acto quisiera fin y medios, esto no sería ya posible, porque lo mismo no es causa de sí mismo. Y, sin embargo, sería correcto decir que quiere orientar los medios al fin.

Dios, como con un solo acto todo lo conoce en su esencia, también con un solo acto todo lo quiere en su bondad. Por lo tanto, como en Dios conocer la causa no causa conocer el efecto, sino que Él mismo conoce el efecto en la causa, así también, querer el fin no causa querer los medios, empero quiere orientar los medios al fin. Por aquello quiere esto; y no por esto quiere aquello[28].

Respuesta a las objeciones. 1. *A la primera hay que decir:* La voluntad de Dios es razonable, no porque en Dios algo sea causa del querer, sino en cuanto que quiere que algo exista por otro.

2. *A la segunda hay que decir:* Dios, por el orden en el mundo, quiere que los efectos dependan de causas concretas [...].

---

[28] Puede resultar de ayuda pensar en la analogía de un novelista que concibe y desea, todo al mismo tiempo, la trama completa de su novela, en la cual el orden perfecto exige que un suceso se produzca a causa de y después de otro.

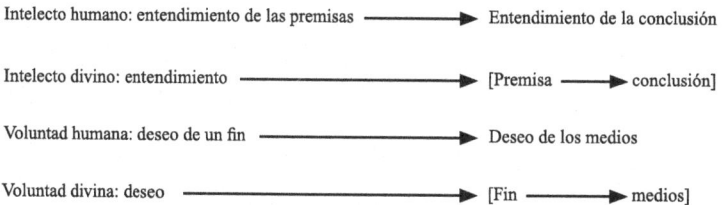

Intelecto humano: entendimiento de las premisas ⟶ Entendimiento de la conclusión

Intelecto divino: entendimiento ⟶ [Premisa ⟶ conclusión]

Voluntad humana: deseo de un fin ⟶ Deseo de los medios

Voluntad divina: deseo ⟶ [Fin ⟶ medios]

(Las flechas representan causalidad)

CUESTIÓN 20

Sobre el amor de Dios

ARTÍCULO 2

¿Dios lo ama o no lo ama todo?

Objeciones por las que parece que Dios no lo ama todo:
[...]
4.   Por último. En el Sal 5, 7 se dice: *Odiaste a todos los que hacían el mal*. Pero no se puede odiar y amar algo al mismo tiempo. Luego Dios no lo ama todo.

En cambio está lo que se dice en Sab 11, 25: *Amas todo lo que existe, y nunca has odiado lo que creaste*.

Solución. *Hay que decir*: Dios ama todo lo existente. Pues todo lo existente, por existir, es bueno; ya que el mismo ser de cualquier cosa es bueno, como también lo es cualquiera de sus perfecciones. Ya se demostró anteriormente (q.19 a.4) que la voluntad de Dios es causa de todo. Así, es necesario que algo tenga ser o algún bien en tanto en cuanto es querido por Dios. Por lo tanto, Dios quiere algún bien para cada ser existente. Por eso, como amar no es más que desear el bien a alguien, resulta evidente que Dios ama todo lo existente.

Sin embargo, no ama como nosotros lo hacemos. Pues, como nuestra voluntad no causa [de forma activa] la bondad de las cosas, sino que es movida [de forma pasiva] por ella como por el objeto, nuestro amor, por el que queremos el bien para alguien, no causa su bondad. Sino que sucede al revés, es decir, su bondad, real o aparente, provoca el amor por el que queremos que conserve el bien que posee y alcance el que aún no tiene. A ello nos entregamos. Pero el amor de Dios infunde y crea bondad en las cosas[29].

---

[29] Pues Dios es puro acto, sin potencia, y por tanto sin ser causado o movido (cambiado) por otras cosas. Dios no se enamora por el mismo motivo que el agua no se moja.

Respuesta a las objeciones. [...] 4. *A la cuarta hay que decir:* Nada impide que a alguien por algo se le ame y por algo se le odie. A los pecadores, por ser hombres, Dios los ama como seres que existen y que existen por Él. Pero, por ser pecadores, no existen, ya que les falla el ser, y esto no proviene de Dios. En este sentido se dice que son odiados por Dios[30].

ARTÍCULO 3

Dios, ¿lo ama o no lo ama todo por igual?

[...]

En cambio está lo que dice Agustín en *Super Ioann.: Dios ama* [1] *todo lo que hizo; y de esto, ama más* [2] *a las criaturas racionales; y de éstas, ama más* [3] *a los que son miembros de su Unigénito.* [4] *Y a su Unigénito lo ama mucho más todavía.*

Solución. *Hay que decir:* Como amar es querer el bien para alguien, en un doble sentido puede decirse amar más o menos. 1) *Uno,* por parte del mismo acto de la voluntad, que puede ser más o menos intenso. En este sentido, Dios no ama a unos más que a otros, porque todo lo ama con un solo y simple acto de voluntad, que siempre tiene la misma intensidad. 2) *Otro,* por parte del mismo bien que alguien quiere para el amado. Y, en este sentido, decimos que alguien ama más a otro si el bien que se le desea es mayor, aun cuando no sea con una más intensa voluntad. Y en este sentido es en el que hay que decir que Dios ama a unos más que a otros. Pues como el amor de Dios es causa de la bondad de las cosas, como ya se dijo (a.2), algo no

---

[30] Dios practica aquello que nos predica: ama al pecador y odia el pecado. Dios ama incluso al ser que Él creó en el diablo, pero no a la ausencia de ser en el pecado del diablo. Santo Tomás no está diciendo que los pecadores no tengan existencia, sino que carecen de la plenitud de existencia que viene con el amor por el bien. Vicio y virtud poseen una dimensión ontológica al igual que moral; mermamos nuestro ser cuando pecamos y lo aumentamos por medio de las virtudes.

sería mejor que lo otro si Dios no quisiera un mayor bien para uno que para otro[31] [...].

CUESTIÓN 22

Sobre la providencia de Dios

ARTÍCULO 4

La providencia divina, ¿impone o no impone necesidad a las cosas?

Objeciones por las que parece que la providencia divina impone necesidad a las cosas:
1. [...] la providencia de Dios, por ser eterna, preexiste, y sus efectos se producen necesariamente, ya que no pueden frustrarse[32] [...].
En cambio está lo que dice Dionisio en el c.4 *De Div. Nom.: La providencia no corrompe las cosas.* Pero algunas cosas por naturaleza son contingentes. Así pues, la providencia no impone necesidad a las cosas anulando la contingencia.
Solución. *Hay que decir:* La providencia divina impone necesidad a algunas cosas, pero no a todas, como sostuvieron algunos. Pues a la providencia le corresponde ordenar las cosas al fin. Y después de la bondad divina, que es el bien separado de las cosas, el principal bien está en las mismas cosas, y es la perfección del universo, que no existiría si en las cosas no se dieran todos los grados de ser. Por eso, a la providencia divina le corresponde producir todos los grados de seres. De este modo, para algunos efectos dispuso causas necesarias, para que se dieran necesariamente; para otros efectos dispuso causas contingentes, para que se dieran contingentemente según la condición de las causas próximas.

---

[32] Santo Tomás no compromete en absoluto la eficacia o la infalibilidad de la divina providencia para responder a la objeción, sino que deriva de ella (y del principio de que la gracia perfecciona la naturaleza en lugar de corromperla) la debida contingencia de los sucesos humanos (cf. I, 19, 8). Básicamente, la objeción consiste en que dado que la voluntad de Dios nunca se frustra, por tanto todos los efectos son necesarios; y la respuesta es que precisamente porque la voluntad de Dios nunca se frustra, entonces no todos los efectos son necesarios.

Respuesta a las objeciones. 1. *A la primera hay que de-cir.* El efecto de la providencia divina no consiste en que algo suceda de cualquier modo; sino que suceda de forma contingente o necesaria. Y así sucede de forma infalible y necesaria lo que la providencia divina dispone que suceda de modo infalible y necesario. Y sucede de modo contingente lo que la providencia divina determina que suceda contingentemente [...].

IV. COSMOLOGÍA:
CREACIÓN Y PROVIDENCIA

CUESTIÓN 46

Sobre el principio de duración de las cosas creadas

ARTÍCULO 1

La totalidad de las criaturas, ¿existió o no existió siempre?[1]

Objeciones por las que parece que la totalidad de las criaturas, que llamamos *mundo*, no empezó a existir, sino que existió desde la eternidad:

---

[1] El tema era importante en la Edad Media porque Aristóteles parecía haber demostrado que el mundo era eterno. Sin embargo, las Escrituras revelaban que había tenido un principio; así, la filosofía y la teología revelada —la razón y la fe— parecían contradecirse e invalidar el nuclear empeño medieval de su maridaje.

1.   Todo lo que ha comenzado a existir, antes de existir tenía la posibilidad de existir, porque, de lo contrario, sería imposible que existiera. Por lo tanto, si el mundo comenzó a existir es posible que existiera antes de existir. Ahora bien, lo que tiene posibilidad de existir es la materia [...]. Por lo tanto, si el mundo comenzó a existir, antes de él había materia [...].

3.   Todavía más. Nada ingénito empieza a existir. Pero el Filósofo en I *Physic.* demuestra que la materia es ingénita. Y en I *De caelo et mundo*, que el cielo [el firmamento, «los cielos»] es ingénito. Por lo tanto, la totalidad de las cosas no empezó a existir.

4.   Aún más. El vacío es un lugar donde no hay cuerpo, pero puede haberlo. Si el mundo comenzó a existir donde ahora está la masa del mundo, antes no hubo ninguna masa, de lo contrario tampoco la habría ahora. Por lo tanto, antes del mundo había vacío. Esto es imposible[2].

5.   Más todavía. Nada empieza a moverse nuevamente sin que se dé un nuevo cambio en el motor. Pero lo que se cambia se mueve. Por lo tanto, antes de que todo movimiento empiece a ser nuevo, había algún movimiento y, consecuentemente, siempre hubo algún movimiento[3]. También hubo siempre algún motor, porque no es posible el movimiento sin motor.

En la cosmología científica moderna, la «teoría del estado estacionario» era equivalente a la teoría del universo eterno de Aristóteles; y la teoría del Big Bang, que dota al mundo de un comienzo temporal, encaja maravillosamente bien con la idea de la creación *del* tiempo (en lugar de la creación *en el* tiempo). Las pruebas científicas parecen haber refutado el «estado estacionario» y confirmado el Big Bang de un modo muy concluyente, confirmando también, de esta manera, que la fe y la razón no han sido nunca contradictorias.

N.B.: el artículo 1 muestra que no podemos demostrar que el mundo es eterno; el artículo 2 muestra que sólo por medio de la filosofía no podemos demostrar que no lo es. El razonamiento filosófico deja ambas opciones como posibilidades lógicas. La revelación divina (y hoy quizá también los datos científicos) resuelven la cuestión; la filosofía no.

[2] Que el vacío es imposible era supuestamente un lugar común en la Edad Media.

[3] Este argumento a favor de la eternidad del mundo es de Aristóteles (*Physic.* Libro 8). Santo Tomás da contestación en su «respuesta» al distinguir *creación* (de la existencia) de *cambio* (de estado), distinción no utilizada por Aristóteles, quien, al no conocer que el mundo fue creado, nunca se preguntó por qué *existía*, sino que dio su existencia

6. [...] El que quiere hacer una cosa mañana y no hoy, espera que mañana se dé alguna circunstancia que no se da hoy. O, por lo menos, espera que pase el hoy y llegue mañana. Esto no se da sin que se produzca algún cambio[4] [...]. Por lo tanto, hay que concluir que, antes de todo movimiento que se realiza de nuevo, hay otro movimiento que lo precede. Así resulta lo mismo que antes. [...]

Solución. *Hay que decir.* Fuera de Dios nada existe desde la eternidad. Sostener esto no es contradictorio. Pues quedó demostrado anteriormente (q.19 a.4) que la voluntad de Dios es causa de las cosas. Por lo tanto, en la medida en que alguna cosa es necesaria, lo es en cuanto que Dios lo quiere, puesto que la necesidad de un efecto depende de la necesidad de la causa, tal como se dice en V *Metaphys.* También se demostró anteriormente (q.19 a.3) que, en términos absolutos, no es necesario que Dios quiera algo fuera de sí mismo. Por lo tanto, no es necesario que Dios quiera que el mundo existiera siempre. Pues el mundo existe en tanto en cuanto que Dios quiera que exista, porque la existencia del mundo depende de la voluntad de Dios como causa. Por consiguiente, no es necesario que el mundo haya existido siempre. De ahí que tampoco se pueda demostrar su existencia eterna.

Los argumentos que ofrece Aristóteles no son absolutos, sino relativos, esto es, para rebatir los argumentos de los antiguos, que sostenían ciertos modos, del todo inadmisibles, del comienzo del mundo. Esto es así por tres razones: 1) *Primera*, porque tanto en VIII *Physic.* como en I *De caelo*, ya anticipa ciertas opiniones

por sentada y se preguntó sólo por su *naturaleza* y sus propiedades. La doctrina de la creación, como respuesta a una pregunta que no formularon los griegos, condujo a los filósofos cristianos a hacer esta nueva pregunta, y de este modo a ser conscientes de la distinción entre existencia y esencia.

[4] Esto es similar a la pregunta: ¿por qué creó Dios el mundo hace ocho mil millones de años y no en cualquier otro momento? La respuesta es 1) que no hay un «antes de la creación», ya que el tiempo es en sí una criatura, y 2) la distinción entre (a) una voluntad eterna de crear un mundo temporal, (b) una voluntad eterna de crear un mundo eterno y (c) una voluntad temporal de crear un mundo temporal. La pregunta de quien plantea la objeción asume que (c) es lo verdadero, dado que el mundo es temporal. Aristóteles hubiera estado más cerca de la (b), sin la «creación». Santo Tomás demuestra la (a).

como la de Anaxágoras, Empédocles y Platón contra las que aduce argumentos contradictorios. 2) *Segunda*, porque siempre que se habla de este asunto trae a colación testimonios de los antiguos. Esto no es propio del que demuestra algo, sino del que persuade con probabilidades. 3) *Tercera*, porque, como dice expresamente en I *Topic.*, hay ciertos problemas dialécticos para los que no tenemos argumentos demostrativos, como, por ejemplo, *si el mundo es eterno.*

Respuesta a las objeciones: 1.   *A la primera hay que decir:* Antes de que el mundo existiera es posible que existiera, pero no por alguna potencia pasiva, la materia, sino por la potencia activa de Dios [...].

3.   *A la tercera hay que decir:* Aristóteles en I *Physic.* demuestra que la materia es ingénita porque no tiene un sujeto del cual sea hecha[5]. En I *De caelo et mundo*, demuestra que el cielo [«los cielos»] es ingénito porque no tiene un contrario del que se origine. De todo eso sólo se concluye que la materia y el cielo no empezaron por generación, como sostenían algunos, en especial sobre el cielo. Nosotros, en cambio, sostenemos que la materia y el cielo han sido hechos por creación, tal como dijimos (q.45 a.2).

4.   *A la cuarta hay que decir:* Para el concepto de vacío no es suficiente *que no haya nada,* sino que se requiere la existencia de algún espacio con capacidad, en el que no haya nada, como nos consta por Aristóteles en IV *Physic.* Nosotros sostenemos que antes de que el mundo existiera, no había ni lugar ni espacio.

5.   *A la quinta hay que decir:* El primer motor permaneció siempre inmóvil. Pero no el primer móvil que empezó a existir después de no haber existido. Sin embargo, esto no se dio por un cambio, sino por creación, que no es cambio, como dijimos anteriormente (q.45 a.2 ad 2) [...].

6.   *A la sexta hay que decir:* El primer agente es agente voluntario. Y aunque eternamente haya tenido la voluntad de

---

[5] Esto es *inimaginable*, dado que la imaginación requiere de espacio y tiempo. Un vacío es, sin embargo, imaginable. De este modo tendemos a pensar erróneamente en «la nada» como un vacío, es decir, un espacio *vacío*, que en realidad es *algo*.

producir algún efecto, no por eso ha producido algún efecto eterno [...]. Pero con respecto al agente universal, que produce el ser y el tiempo, no hay que suponer que obre ahora y no antes a partir de la concepción del tiempo, como si necesitara el tiempo [...].

ARTÍCULO 2

El inicio del mundo, ¿es o no es artículo de fe?[6]

Objeciones por las que parece que el inicio del mundo no es un artículo de fe, sino una conclusión demostrable:

1. Todo lo hecho tiene principio de su duración. Pero se puede demostrar con rigor que Dios es la causa efectiva del mundo. Esto también lo sostuvieron los filósofos más acreditados. Por lo tanto, puede demostrarse con rigor que el mundo ha comenzado a existir.
[...]
3. Todavía más. Todo lo que opera por el entendimiento, opera partiendo de algún principio [inicio], como resulta claro en las obras artísticas. Pero Dios obra por el entendimiento. Por consiguiente, obra partiendo de algún principio. Así pues, el mundo, que es efecto suyo, no existió siempre.
[...]
6. Una más. Si el mundo existió siempre, una infinidad de días ha precedido al de hoy. Pero no se puede ir más allá del infinito. Por lo mismo, hubiera sido imposible llegar al día de hoy. Esto es evidentemente falso[7].

---

[6] Es decir, que sólo se puede descubrir por medio de la fe, no por la razón desasistida. Después de mostrar, en el artículo 1, que la razón no puede demostrar la *falsedad* de la doctrina de la creación de un mundo con un recorrido temporal finito en lugar de infinito, Santo Tomás ahora muestra que la razón tampoco puede demostrar su *veracidad*. El primer artículo refuta a los averroístas latinos; el segundo refuta a los agustinianos.

[7] He aquí el argumento del *kalam* (tiempo), utilizado por muchos filósofos musulmanes del medievo, y adoptado por filósofos cristianos como San Buenaventura.

[...]

8.   Por último. Si siempre existió el mundo y la generación, infinitos hombres nos han precedido. Pero el alma del hombre es inmortal. Por lo tanto, ahora existirían realmente infinitas almas humanas. Esto es imposible. Por eso, puede demostrarse que el mundo ha empezado en algún momento y, por lo tanto, no es sólo materia de fe.

[...]

Solución. *Hay que decir:* Que el mundo no ha existido siempre lo sabemos sólo por la fe y no puede ser demostrado con rigor, siguiendo lo que sobre el misterio de la Trinidad hemos dicho anteriormente (q.32 a.1). Esto es así porque la novedad del mundo no puede ser demostrada [1] a partir del mismo mundo. Pues el principio de la demostración es *aquello que es.* Ahora bien, cada cosa considerada en cuanto a su especie [esencia], abstrae del aquí y ahora [...]. De ahí que no pueda ser demostrado que el hombre, el cielo o la tierra no hayan existido siempre. Lo mismo puede decirse [2] por parte de la causa agente que obra voluntariamente. Pues no puede investigarse con la razón la voluntad de Dios a no ser sobre aquello que es absolutamente necesario que Dios quiera. Ahí no está incluido, tal como hemos dicho (q.19 a.3), lo que Dios quiere de las criaturas.

Sin embargo, la voluntad divina puede manifestarse por revelación al hombre, y ahí se fundamenta nuestra fe. Por lo tanto, que el mundo empezara a existir es creíble, pero no demostrable o cognoscible. Es útil que se tenga esto presente a fin de que, presumiendo de poder demostrar las cosas que son de fe, alguien presente argumentos no necesarios y que provoquen risa en los no creyentes, pues podrían pensar que son razones por las que nosotros aceptamos las cosas que son de fe[8].

Respuesta a las objeciones: 1. *A la primera hay que decir:* Tal como dice Agustín en XI *De civ. Dei:* Entre los filósofos que

---

[8] Santo Tomás siempre tiende a ser más crítico, escéptico y agnóstico que crédulo. Preferiría no ofrecer argumento alguno que ofrecer uno débil. Este hábito tan severo a menudo resulta irritante para los creyentes; el hábito opuesto, sin embargo, suele irritar a los no creyentes.

sostenían la eternidad del mundo, hubo una doble opinión. Pues algunos sostuvieron que la sustancia del mundo no existe por Dios. Esto es un error intolerable y necesariamente hay que rechazarlo[9]. Otros sostuvieron que el mundo era eterno, pero afirmando al mismo tiempo que había sido hecho por Dios. *Éstos no querían admitir principio de duración para el mundo, pero admitían principio de creación, de modo que se está haciendo siempre de una manera apenas comprensible.*

En X *De civ. Dei*, se nos relata cómo entendían esto. De la siguiente manera. *Decían que así como si el pie estuviera desde la eternidad siempre sobre el polvo, siempre habría tenido debajo de él una huella, la cual nadie dudaría que había sido marcada por el que pisaba aquello; así también el mundo ha existido siempre porque existe siempre el que lo ha hecho.* Para entender este razonamiento hay que tener presente que la causa eficiente que obra por el movimiento, precede a su efecto en el tiempo [...]. Pero si la acción es instantánea y no sucesiva, no es necesario que el agente preceda en duración a lo que hace. Es lo que ocurre con la luz. De ahí que digan que no es necesario que Dios preceda al mundo en duración aun cuando sea la causa activa del mundo, porque la creación por la que se produjo el mundo no es un cambio sucesivo, tal como se dijo (q.45 a.2 ad 3)[10].

[...]

---

[9] Cf. I, 44, 1.

[10] Distínganse tres tipos de causas eficientes en lo que al tiempo se refiere:

1. El tipo más habitual precede a sus efectos en el tiempo. Por ejemplo, el golpe del bate de béisbol a la bola (la causa) sucede antes de que ésta salga volando del campo (el efecto).

2. A veces, la causa y el efecto son simultáneos en duración. Por ejemplo, una bola de acero que deja una marca sobre una almohada, o el acto del pensamiento que genera una idea en la mente.

3. En cuanto a ese tipo singular de causa eficiente que es la creación, la causa y el efecto pueden ser simultáneos e instantáneos en lugar de durativos, dado que la creación no es un proceso en el tiempo (véase I, 45, 2). Imaginarnos esto nos resulta imposible, pues nuestra capacidad de imaginación sólo puede imaginar algo en el tiempo y el espacio, y es para nosotros muy difícil de concebir, pero es ligeramente posible, o «difícilmente inteligible», que diría Santo Tomás. Es inteligible al menos en sentido negativo, por medio de lo que no es.

3. *A la tercera hay que decir*: Aquél es el argumento de Anaxágoras que figura en III *Physic.*, pero no concluye necesariamente a no ser que se trate del entendimiento que, por un proceso discursivo, averigua lo que hay que hacer, y esto es parecido al movimiento. Así es como actúa el entendimiento humano, pero no el divino, como quedó demostrado (q.14 a.7).

[...]

6. *A la sexta hay que decir*: Todo tránsito se entiende como el paso de un término a otro. Pero cualquier día pasado que se tome desde él hasta el día de hoy hay un número limitado de días que pudieron ser vividos. Aquella objeción sería válida si entre ambos términos hubiera medios infinitos[11].

[...]

8. *A la octava hay que decir*: Los que sostienen la eternidad del mundo, rechazan de múltiples formas este argumento [...]. Pues se puede pensar que el mundo, o al menos algunas criaturas, como los ángeles, son eternos. Aunque no lo sea el hombre. Nosotros estamos estudiando el problema en sentido global, intentando responder si alguna criatura ha existido desde la eternidad [...].

---

[11] Cf. las famosas paradojas de Zenón contra el movimiento, que afirman la imposibilidad de pasar por un número infinito de puntos en el espacio en un tiempo finito. El argumento del *kalam* comete un error similar, según Santo Tomás, al afirmar la imposibilidad de pasar por un número infinito de días en el tiempo. Su razonamiento es que no hay un número realmente infinito de días, por mucho que retrocedamos. La premisa falsa que comparten las paradojas de Zenón y el argumento del *kalam* queda al descubierto en la última frase.

V. ANTROPOLOGÍA: CUERPO Y ALMA

CUESTIÓN 75

Sobre el hombre compuesto de alma y cuerpo. Sobre la esencia del alma

ARTÍCULO 6

El alma humana, ¿es o no es corruptible?

Objeciones por las que parece que el alma humana es corruptible:

1. Las cosas de similar principio y desarrollo, parece que tienen similar fin. Pero el principio de generación del hombre y del asno es similar: ambos provienen de la tierra. Similar es también en ambos su desarrollo vital. Pues, como se dice en Ecl 3, 19: *Respiran de forma parecida, y el hombre no es que tenga*

mucho más que el asno. Y como ahí se concluye: *Uno es el destino del hombre y del asno. Igual es su condición.* Pero el alma de los animales irracionales es corruptible. Por lo tanto, el alma humana es corruptible.

[…]

Solución. *Hay que decir:* Es necesario afirmar que el alma humana, a la que llamamos principio intelectivo, es incorruptible. Algo puede corromperse de dos maneras: una, sustancial [*per se*]; otra, accidental. Es imposible que algo subsistente se genere o se corrompa accidentalmente, esto es, por algo generado o corrompido. Pues a algo le corresponde ser engendrado o corromperse como le corresponde el ser, que se adquiere por generación y se pierde por corrupción. Por eso, lo que sustancialmente tiene ser, no puede generarse o corromperse más que sustancialmente[1]. En cambio, lo que no subsiste, por ejemplo, los accidentes y las formas materiales, se dice que es hecho y que se corrompe por generación o corrupción de los compuestos.

Quedó demostrado anteriormente (a.2 y 3) que sólo el alma humana es subsistente, no las almas de los irracionales. Por eso las almas de los irracionales se corrompen al corromperse los cuerpos. En cambio, el alma humana no puede corromperse a no ser que se corrompiera sustancialmente. Esto es imposible que se dé no sólo con respecto al alma, sino con respecto a cualquier ser subsistente que sea sólo forma [sin materia]. […] Pero es imposible que la forma se separe de sí misma. De ahí que sea imposible también que la forma subsistente deje de ser[2].

[…]

---

[1] Es decir, todo lo que tiene su propio acto de existencia (es decir, todo cuanto es sustancia y no accidente). Los accidentes (como la blancura de una gaviota) y las simples formas materiales (como la naturaleza de la gaviota) pueden generarse o corromperse por la generación o corrupción de la sustancia a la cual son inherentes (la gaviota); pero una sustancia (por ejemplo, una gaviota) no se genera o corrompe por la generación o corrupción de otra sustancia (otra gaviota).

[2] La corrupción se produce al ser la forma separada de su materia (por ejemplo, el alma separada de su cuerpo). Este hombre, esta sustancia compuesta de forma y materia, es corruptible, pero el alma, como forma sin materia, no es así corruptible.

Puede ser también señal de esto el que cada ser por naturaleza desea ser como debe ser. En los seres que pueden conocer, el deseo sigue al conocimiento. En cambio, el sentido no conoce el ser más que sometido al *aquí* y *ahora*, mientras que el entendimiento aprehende el ser absolutamente y siempre. Por eso, todo lo que tiene entendimiento por naturaleza desea existir siempre. Un deseo propio de la naturaleza no puede ser un deseo vacío[3]. Así, pues, toda sustancia intelectual es incorruptible.

Respuesta a las objeciones: 1.   *A la primera hay que decir:* Salomón, tal como queda expresado en Sab 2, 1.21, dice aquello pero referido a los necios. El que el hombre y los otros animales tengan un principio similar, es verdad en cuanto al cuerpo, pues todos los animales vienen de la tierra. Pero no es verdad en cuanto al alma, pues el alma de los irracionales es producida a partir de alguna fuerza corpórea, mientras que el alma humana es producida por Dios. Esto es lo que expresa lo dicho en Gén 1, 24 en cuanto a los animales: *Produzca la tierra alma viviente.* En cuanto al hombre dice (Gén 2, 7): *Le inspiró en su rostro el aliento vital*[4]. De ahí que en Ecl 12, 17 concluya: *Vuelva el polvo a la tierra de la que vino, retorne el espíritu al Dios que lo dio.*

Igualmente, un similar desarrollo vital lo tiene en cuanto al cuerpo. A esto corresponde lo dicho: *Respiran de forma parecida* (Ecl 3, 19), y en Sab 2, 2: *Humo y aliento hay en nuestras narices.* Pero no es similar el desarrollo en cuanto al alma, porque el

---

[3] Qué natural, saludable y sensato fue Santo Tomás al considerar seriamente la posibilidad de que alguien pudiese no compartir este deseo de existir. Y qué natural, saludable y sensato fue también al considerar seriamente la posibilidad de que el universo careciese de sentido de manera tan fundamental que provocase en nosotros deseos a los que no corresponde satisfacción real posible en absoluto. Nadie ha visto jamás que la naturaleza produzca el deseo de objetos inexistentes. Las pruebas empíricas de que «ningún deseo natural es en vano» son el cien por cien, mientras que las de su contrario son el cero por ciento (considérense todos los deseos naturales conocidos: comer, beber, dormir, despertar, vivir, caminar, copular, relacionarse, conocer, amar, ser amado, etcétera).

[4] Ésta es la base ontológica fundamental de la dignidad, el valor intrínseco y la responsabilidad moral del ser humano, esto es, que el alma humana es un don de Dios, no producto del barro, y su naturaleza es espiritual («hecho a imagen y semejanza de Dios»). Los cuerpos podrán haber evolucionado, las almas no.

hombre entiende, no así el irracional. Por eso es falso aquello de: *No tiene mucho más el hombre que el asno.* Así, similar es el destino en cuanto al cuerpo, pero no en cuanto al alma [...].

ARTÍCULO 7

El alma y el ángel, ¿son o no son de la misma especie?[5]

Objeciones por las que parece que el alma y el ángel son de la misma especie:
[...]
3.   Todavía más. No parece que el alma se diferencie del ángel más que por el hecho de estar unida al cuerpo. Pero el cuerpo, al estar fuera de la esencia del alma, no parece que pertenezca a su especie. Por lo tanto, el alma y el ángel son de la misma especie.

En cambio los seres cuyas operaciones naturales son diversas, son de distinta especie. Pero las operaciones naturales del alma y del ángel son diversas, porque, como dice Dionisio en el C.7 *De Div. Nom.*, *las mentes angélicas tienen entendimientos simples y bienaventurados, no necesitando lo visible para conocer lo divino.* Del alma se dice exactamente lo contrario. Así pues, el alma y el ángel no son de la misma especie.
[...]
Respuesta a las objeciones: 3.   *A la tercera hay que decir:* El cuerpo no pertenece a la esencia del alma, pero el alma por su misma naturaleza puede unirse al cuerpo. Por eso, tampoco

---

[5] Resulta curiosamente popular la idea de que tras la muerte nos convertimos en ángeles. Este cambio de especie es, por supuesto, imposible. Primero, está la resurrección del cuerpo, y después, incluso el alma separada del cuerpo temporalmente, tras la muerte corporal y antes de la resurrección general al final de los tiempos, es un espíritu de una especie distinta al ángel por dos razones: 1) tal y como Santo Tomás apunta aquí, el entendimiento del alma humana se produce por los sentidos y el raciocinio, mientras que los ángeles son puramente intuitivos, y 2) las almas humanas son esencialmente la forma de un cuerpo, y por tanto se encuentran incompletas sin éstos, mientras que los ángeles no tienen tendencia a determinar ningún cuerpo.

el alma está en la especie, sino sólo el compuesto. Y el hecho de que el alma en cierto modo necesite del cuerpo para realizar su operación, pone al descubierto que el alma tiene un grado de intelectualidad inferior al del ángel, que no se une al cuerpo.

CUESTIÓN 76

Sobre la unión alma-cuerpo

ARTÍCULO 5

¿Es o no es conveniente que el alma intelectiva se una al cuerpo correspondiente?

Objeciones por las que parece que no es conveniente que el alma intelectiva se una al cuerpo correspondiente:
1.   La materia debe ser proporcionada a la forma. Pero el alma intelectiva es una forma incorruptible. Por lo tanto, no se une convenientemente a un cuerpo corruptible.
[…]
4.   Por último. Cuanto más perfecta es la forma, más perfecto debe ser el sujeto que la recibe. Pero el alma intelectiva es la más perfecta de las almas. Así pues, comoquiera que los cuerpos de los otros animales tienen naturalmente con que protegerse, como pelo en lugar de vestido y pezuñas en lugar de calzado, y además tienen armas dadas por la naturaleza, como uñas, dientes y cuernos, parece que el alma intelectiva no debería unirse a un cuerpo imperfecto desprovisto de tales ayudas.

En cambio está lo que dice el Filósofo en II *De Anima: El alma es acto de un cuerpo físico, orgánico, que potencialmente tiene vida.*

Solución. *Hay que decir*. Comoquiera que la forma no lo es por la materia, sino más bien la materia por la forma, a partir de la forma debe fundamentarse la razón de por qué la materia es de tal naturaleza, y no al revés[6]. Pues el alma intelectiva, como

---

[6] Quizá sea este principio —explicar la materia por la forma, explicar los detalles empíricos por el propósito unificador, explicar el menor y el inferior por el mayor y el superior—, más que cualquier otra noción, el que mejor distinga la idea clásica y medieval de razón y explicación de la correspondiente noción moderna, que tiende a lo contrario, es decir, al reduccionismo (por ejemplo, el pensamiento no es más que actividad bioquímica, el amor *sólo* es lujuria, el hombre no es más que un simio inte-

dijimos anteriormente (q.55 a.2), en el orden de la naturaleza ocupa el más bajo lugar entre las sustancias intelectuales, debido a que no le es connatural el conocimiento innato de la verdad, como sí lo es en los ángeles, sino que se ve obligada a desgranarla a través de los sentidos tomándola de la multiplicidad de las cosas, como dice Dionisio en el c.7 *De Div. Nom.* Por otra parte, en lo necesario la naturaleza no le falla a ningún ser. Por eso, sería necesario que el alma intelectiva no solamente tuviera la facultad de entender, sino también la de sentir. Pero comoquiera que la acción de sentir no se puede llevar a cabo más que por medio de un órgano corporal, por eso se precisa que el alma intelectiva se una a un cuerpo constituido de tal manera que pueda servir convenientemente de órgano a los sentidos. [...]

Respuesta a las objeciones: 1. *A la primera hay que decir:* Probablemente alguien trataría de eludir esta objeción diciendo que, antes del pecado, el cuerpo del hombre era incorruptible. Pero parece que esta respuesta no es suficiente. Porque, antes del pecado, el cuerpo del hombre fue inmortal no por naturaleza, sino por don de la gracia divina. De lo contrario, no habría perdido la inmortalidad por el pecado, como no la perdió el demonio[7].

Por eso, desde otro planteamiento, sostenemos que en la materia encontramos una doble condición: *una,* elegida en orden a hacerla proporcionada a la forma; *otra,* que necesariamente se deduce de la primitiva condición de la materia. Ejemplo: un herrero, para hacer una sierra, elige un material de hierro apto

---

ligente, etcétera). El reduccionismo moderno comienza realmente en el siglo XIV con la «navaja de Ockham» y la aplicación de Ockham más importante de tal principio, esto es, el nominalismo, la doctrina de que la universalidad es sólo lingüística, no real; que sólo los nombres (*nomina*), y no las formas, son universales.

Santo Tomás explica aquí la unión del cuerpo y el alma desde el punto de vista de las necesidades del alma, dado que el cuerpo es para el alma y no viceversa, tal y como el escenario de una obra se explica en los términos de su temática, y no viceversa.

[7] Un buen ejemplo de cómo un argumento deductivo sin pruebas empíricas puede aun así ser razonable (el escéptico preguntará cómo podríamos saber si antes del pecado el cuerpo humano era mortal, inmortal por naturaleza o inmortal por la gracia).

para cortar objetos duros. Pero que los dientes de la sierra se partan o se oxiden es una consecuencia necesaria de la condición del mismo material. Igualmente, al alma intelectiva le corresponde tener un cuerpo de equilibrada complexión. Pero de ello se deduce, por condición propia de la materia, que sea corruptible. Si alguien dice que Dios pudo evitar tal necesidad, hay que decir que, en la constitución de los seres naturales, no hay que considerar lo que Dios pudo hacer, sino lo que le corresponde a la naturaleza de las cosas, como dice Agustín en II *Super Gen. ad litt.* Sin embargo, Dios proveyó el remedio contra la muerte concediendo el don de la gracia.

[…]

4.   *A la cuarta hay que decir.* El alma intelectiva, porque puede comprender lo universal, tiene capacidad para lo infinito. Por eso la naturaleza no podía imponerle determinadas estimaciones naturales, ni tampoco determinados medios de defensa o de abrigo como a los otros animales cuyas almas tienen capacidad de percepción y otras facultades para cosas particulares. Pero en su lugar, el hombre posee por naturaleza la razón y las manos, que son *órgano de los órganos*; por las que el hombre puede preparar una variedad infinita de instrumentos para infinitos efectos […].

VI. EPISTEMOLOGÍA Y PSICOLOGÍA

CUESTIÓN 82

Sobre la voluntad

ARTÍCULO 3

La voluntad, ¿es o no es una potencia más digna que el entendimiento?[1]

Objeciones por las que parece que la voluntad es más digna que el entendimiento:

---

[1] Este tema y el del siguiente artículo son cruciales para la tarea del maridaje de la filosofía pagana de la antigua Grecia con la revelación bíblica judeocristiana a causa de la gran contradicción que parece haber aquí, pues para Platón y Aristóteles, la

1. El bien y el fin son el objeto de la voluntad. Pero el fin es la primera y la más digna de las causas. Por lo tanto, la voluntad es la primera y la más digna de las potencias.

2. Más aún. Los seres naturales progresan de lo imperfecto a lo perfecto. Esto mismo sucede con las potencias del alma, pues hay un progreso desde los sentidos al entendimiento, que es más digno. Pero hay un proceso natural que va del acto intelectivo al voluntario. Por lo tanto, la voluntad es más perfecta y más digna como potencia que el entendimiento.

3. Todavía más. Hay proporción entre los hábitos y sus potencias como la hay [proporción] entre la perfección y lo perfectible. Pero el hábito con que se perfecciona la voluntad, esto es, el amor, es más digno que los hábitos perfectibles del entendimiento, pues se dice en 1 Cor 13, 2: *Si conociera todos los misterios y tuviera toda la fe, pero no tuviera amor, nada soy.* Por lo tanto, la voluntad es una potencia más digna que el entendimiento.

En cambio está el hecho de que el Filósofo, en X *Ethic.*, coloca el entendimiento como la más alta de las potencias del alma.

Solución. *Hay que decir:* La superioridad de una cosa con relación a otra puede ser considerada en dos aspectos: uno, *absolutamente*; otro, *en cierto modo.* Una cosa es considerada absolutamente cuando se la considera tal como es en sí misma. Es considerada en cierto modo cuando se la considera en comparación con otra. Si el entendimiento y la voluntad son considerados en sí mismos, el entendimiento es más eminente, como se deduce de la mutua comparación de sus objetos. Pues el objeto del entendimiento es más simple y absoluto que el de la voluntad, puesto que el objeto del entendimiento es la razón misma [esencia, forma] del bien deseable, y el de la voluntad es el bien

---

parte central, más profunda y más elevada del hombre es su mente y su entendimiento, mientras que en la Biblia, el corazón —o voluntad— y su amor son básicos. Cf. William Barrett, *Irrational Man*, capítulo 4: «Hebraism and Hellenism». Santo Tomás, en ese estilo tan cuidadoso y equilibrado suyo, no pone en un compromiso ninguno de estos dos discernimientos, sino que los sintetiza al percibir una distinción crucial (en el cuerpo de este artículo).

deseable, cuyo concepto se encuentra en el entendimiento. Pero cuando una cosa es más simple y abstracta [inmaterial], tanto más digna y eminente es en sí misma[2]. De este modo, el objeto del entendimiento es más eminente que el de la voluntad. Y comoquiera que la naturaleza de una potencia depende de su ordenación al objeto, se sigue que el entendimiento, en cuanto tal y absolutamente, es más eminente y digno que la voluntad.

En cambio, si lo consideramos de manera relativa y comparativa [«en cierto modo»], a veces la voluntad es más eminente que el entendimiento. Esto es, cuando el objeto de la voluntad se encuentra en una realidad más digna que el objeto del entendimiento. De la misma manera que podemos decir que el oído en cierto modo es más digno que la vista en cuanto que el sonido percibido es más perfecto que la realidad en la que se encuentra el color, aun cuando el color es más digno y simple que el sonido. Como se dijo anteriormente (q.16 a.1; q.27 a.4), la acción del entendimiento consiste en que el concepto [forma] de lo conocido se encuentre en quien conoce. En cambio, el acto de la voluntad se perfecciona por el movimiento hacia el objeto tal como es en sí mismo. Así, el Filósofo, en VI *Metaphys.*, dice: *El bien y el mal*, objetos de la voluntad, *están en las cosas. Lo verdadero y lo falso,* objeto del entendimiento, *están en la mente*[3]. Así pues, cuando la realidad en la que se encuentra el bien es más digna que la misma alma en la que se encuentra el concepto de dicha realidad, por comparación a esta realidad la voluntad es más digna que el entendimiento. Sin embargo, cuando la realidad en que se encuentra el bien es inferior al alma, entonces, por comparación a tal realidad, el entendimiento es superior a la voluntad. Por eso, es mejor amar a Dios que conocerle, y al revés: es

---

[2] Y esto es porque se asemeja a Dios —norma de perfección— de un modo más aproximado. El argumento de Santo Tomás se puede expresar de esta manera: el entendimiento piensa los propios pensamientos de Dios después de Él, si bien de manera imperfecta, mientras que la voluntad desea las *cosas* buenas de las cuales aquellos pensamientos son arquetipos y modelos.

[3] Esto no significa que la verdad sea subjetiva. Cf. S.T. I, 16.

mejor conocer las cosas caducas que amarlas[4]. Sin embargo, y en sentido absoluto, el entendimiento es más digno que la voluntad.

Respuesta a las objeciones: 1.   *A la primera hay que decir:* El concepto de causa se toma de la comparación de una cosa con otra. En dicha comparación lo más importante es la noción de bien. Pero lo verdadero se entiende en un sentido más absoluto incluyendo la misma noción de bien. Por eso, el bien es una especie de verdad. Pero, a su vez, la verdad es una especie de bien, por cuanto que el entendimiento es una realidad y la verdad es su fin. Y es el más eminente de los fines[5], de la misma manera que el entendimiento es la más digna de las potencias.

2.   *A la segunda hay que decir:* Aquello que es anterior en la generación y en el tiempo, es lo más imperfecto, porque en uno y el mismo sujeto la potencia precede temporalmente al acto, y la imperfección a la perfección. Pero aquello que, por naturaleza y absolutamente, es anterior, es más perfecto. Así, el acto es anterior a la potencia. Es así como el entendimiento es anterior a la voluntad, el motor al móvil y lo activo a lo pasivo, pues el bien conocido mueve a la voluntad.

3.   *A la tercera hay que decir:* Aquella objeción considera la voluntad en relación con aquello que es superior al alma. Es por la virtud de la caridad, por la que amamos a Dios.

---

[4] He aquí el «meollo» práctico. Es mejor amar a Dios que conocerlo, pero es mejor conocer las cosas materiales que amarlas.

[5] Por tanto, dice Santo Tomás en otro lugar que el mayor bien que se le puede hacer al prójimo es guiarlo hacia la verdad.

CUESTIÓN 83

Sobre el libre albedrío

ARTÍCULO 1

El hombre, ¿tiene o no tiene libre albedrío?

Objeciones por las que parece que el hombre no tiene libre albedrío:

1. Todo el que tiene libre albedrío hace lo que quiere. Pero el hombre no hace lo que quiere, pues se dice en Rom 7, 15: *No hago el bien que quiero, sino el mal que no quiero.* Por lo tanto, el hombre no tiene libre albedrío.

2. Más aún. El que tiene libre albedrío quiere o no quiere, actúa o no actúa, pero esto no es propio del hombre, pues se dice en Rom 9, 16: *El querer no es del que quiere, ni el correr es del que corre.* Por lo tanto, el hombre no tiene libre albedrío.

3. Todavía más. Como se dice en I *Metaphys., libre es lo autónomo.* Por lo tanto, lo que es movido por otro no es libre. Pero Dios mueve la voluntad, pues se dice en Prov 21, 1: *El corazón del rey está en manos de Dios y Él lo dirige a donde le place.* Y en Flp 2, 13: *Dios es el que obra en nosotros el querer y el hacer.* Por lo tanto, el hombre no tiene libre albedrío.

[...]

En cambio está lo que se dice en Ecl 15, 14: *Dios creó desde el principio al hombre y lo dejó en manos de su consejo.* Glosa: *Esto es, en la libertad de su arbitrio.*

Solución. *Hay que decir:* En el hombre hay libre albedrío. De no ser así, inútiles serían los consejos, las exhortaciones, los preceptos, las prohibiciones, los premios y los castigos[6]. Para

---

[6] Nótese cuán básico, práctico y de sentido común es el primer argumento de Santo Tomás. Nótese también cómo conecta el libre albedrío con la razón. Existe la concepción popular errónea que interpreta la razón como algo que no es libre, algo determinista, y la libertad como algo irracional y arbitrario. Dicha concepción

demostrarlo, hay que tener presente que hay seres que obran sin juicio previo alguno. Ejemplo: una piedra que cae de arriba; todos los seres carentes de razón. Otros obran con un juicio previo, pero no libre. Ejemplo: los animales; la oveja que ve venir al lobo juzga que debe huir de él, pero lo hace con un juicio natural y no libre, ya que no juzga analíticamente, sino con instinto natural. Así son los juicios de todos los animales. En cambio, el hombre obra con juicio, puesto que, por su facultad cognoscitiva, juzga sobre lo que debe evitar o buscar. Comoquiera que este juicio no proviene del instinto natural ante un caso concreto, sino de un análisis racional, se concluye que obra por un juicio libre, pudiendo decidirse por distintas cosas. Cuando se trata de algo contingente, la razón puede tomar direcciones contrarias. Esto es comprobable en los silogismos dialécticos y en las argumentaciones retóricas [probables]. Ahora bien, las acciones particulares son contingentes, y, por lo tanto, el juicio de la razón sobre ellas puede seguir diversas direcciones, sin estar determinado a una sola. Por lo tanto, es necesario que el hombre tenga libre albedrío, por lo mismo que es racional.

Respuesta a las objeciones: 1. *A la primera hay que decir:* Como dijimos anteriormente (q.81 a.3 ad 3), el apetito sensitivo, aun cuando esté sometido a la razón, sin embargo, puede oponérsele deseando algo contrario a lo que dicta la razón. Por lo tanto, éste es el bien que rechaza el hombre cuando quiere, esto es, *no desear en contra de la razón,* como explica Agustín en aquel mismo texto.

2. *A la segunda hay que decir:* Aquella frase del Apóstol no significa que el hombre no quiera ni corra con libre albedrío, sino que el libre albedrío no es suficiente para hacerlo si no es movido y ayudado por Dios.

3. *A la tercera hay que decir:* El libre albedrío es causa de su propio movimiento, ya que el hombre se mueve a sí mismo a obrar por su libre albedrío. Pero la libertad no precisa necesariamente que el sujeto libre sea la primera causa de sí mismo.

surge de la reacción romántica decimonónica contra el determinismo y racionalismo clásicos del siglo XVIII.

Para que una cosa sea causa de otra, tampoco se precisa que sea su primera causa. Dios es la primera causa que mueve tanto las causas naturales como las voluntarias. Y así como al mover las causas naturales no impide que sus actos sean naturales, al mover las voluntarias, tampoco impide que sus acciones sean voluntarias. Por el contrario, hace que lo sean ya que en cada uno obra según su propio modo de ser[7] [...].

---

[7] Nótese de qué manera tan simple y elegante soluciona Santo Tomás el espinoso problema de la reconciliación del libre albedrío humano con la causalidad divina. Si Dios como primera causa de la naturaleza de los perros hace que los perros sean perros y no no-perros, entonces Dios como primera causa de la libertad humana hace que la libertad sea libre, y no no-libre. La gracia establece la naturaleza, no la elimina.

CUESTIÓN 84

Sobre cómo el alma, unida al cuerpo,
entiende lo corporal, que le es inferior

ARTÍCULO 1

El alma, ¿conoce o no conoce lo corporal por el entendimiento?

Objeciones por las que parece que el alma no conoce lo
corporal por el entendimiento:
[...]
3.   Todavía más. El entendimiento tiene por objeto lo necesario e invariable. Pero todos los cuerpos son móviles y va-
riables. Por lo tanto, el alma no puede conocer lo corporal por
el entendimiento[8].

En cambio está el hecho de que la ciencia se encuentra en
el entendimiento. Por lo tanto, si el entendimiento no conoce
lo corporal, hay que deducir que no puede haber ciencia de lo
corporal. De esta forma, la ciencia natural, que trata del cuerpo
móvil, desaparece.

Solución. *Hay que decir*: Para demostrar la solución a este
problema, hay que tener presente que los primeros filósofos
que investigaron la naturaleza de las cosas, pensaron que en el
mundo no existía nada fuera de lo corporal. Y porque veían que

---

[8] Ésta es la postura de Platón, quien separa de manera nítida el conocimiento de
los cuerpos —únicamente sensorial y probable— del conocimiento de las formas
—intelectual y cierto—, pues pensaba que no podía haber un conocimiento cierto y
no mutable de las cosas mutables.
    Santo Tomás no poseía ningún escrito de los presocráticos a excepción de unas
cuantas citas en fragmentos de Aristóteles, ni tampoco tenía de Platón excepto el *Timeo*. Sólo ahora se ha redescubierto, y de manera incompleta, las obras de Aristóteles.
El hecho de que el Angélico tuviese un conocimiento tan preciso de sus enseñanzas
más importantes no deja de ser un testimonio de la integridad y comunidad de los
filósofos e historiadores de la filosofía en el período de los mil seiscientos años trans-
curridos entre aquellos griegos y Santo Tomás.

todo lo corporal era móvil, y lo consideraban en un continuo fluir, estimaron que no podíamos tener ninguna certeza sobre la verdad de las cosas. Pues lo que fluye constantemente no puede ser aprehendido con certeza, puesto que desaparece antes de ser juzgado por la mente. Así, Heráclito dijo que *no es posible tocar dos veces el agua de la corriente de un río*, como nos refiere el Filósofo en IV *Metaphys.*

Más tarde, Platón, para salvar la certeza de nuestro conocimiento intelectual de la verdad, sostuvo que, además de lo corporal, hay otro género de seres sin materia ni movimiento, que llamó *especies* o *ideas*, de cuya participación cada realidad singular y sensible recibe su nombre, como el de hombre, caballo, o cualquier otro. Afirmaba, consecuentemente, que las ciencias, las definiciones y todo lo referente al acto del entendimiento no se centra en lo sensible, sino en aquello inmaterial y separado, de forma que el alma no entiende lo corporal, sino su especie separada[9].

Esto resulta falso por un doble motivo. 1) *Primero*, porque, al ser aquellas especies inmateriales e inmóviles, de las ciencias quedaría excluido el conocimiento tanto del movimiento como de la materia, que es lo propio de la ciencia natural, y quedaría también excluida la demostración por las causas agentes y materiales. 2) *Segundo*, porque resulta irrisorio que para llegar al conocimiento de las cosas manifiestas tengamos que poner como medio otras realidades distintas sustancialmente, ya que difieren de ellas en el ser. Así, aun cuando conociéramos estas sustancias separadas, no por eso podríamos emitir un juicio de lo sensible.

---

[9] Éste es el motivo de que en la Academia de Platón sólo se enseñase Matemáticas y Filosofía, y no las ciencias físicas. Estas últimas florecieron en el Liceo de Aristóteles.

N.B.: Al enumerar en el siguiente párrafo dos objeciones aristotélicas a la teoría de Platón de las formas separadas, a Santo Tomás le preocupa de manera especial la preservación del conocimiento científico de la naturaleza. El problema es cómo podemos tener un verdadero conocimiento científico —es decir, universal, necesario y no cambiante— acerca de cosas particulares, contingentes y cambiantes. Véase la tercera objeción.

Parece ser que en esto Platón se desvió de la verdad, porque, juzgando que todo conocimiento se verifica por una cierta semejanza, estimó que la forma de lo conocido necesariamente está en quien conoce de igual manera que en lo conocido[10]. Consideró que la forma de la realidad entendida está en el entendimiento de un modo universal, inmaterial e inmóvil. Y esto resulta claro por la misma operación del entendimiento, que entiende de manera universal y con una cierta necesidad, pues la acción es algo proporcionado a la forma de ser del agente. De este modo, sostuvo que las cosas entendidas debían subsistir por sí mismas de modo inmaterial e inmóvil.

No es necesario que esto sea así. Porque también en las mismas realidades sensibles vemos que la forma se encuentra de modo distinto en unas y en otras. Ejemplo: en un ser la blancura puede ser más intensa que en otro. En un ser la blancura va unida a la dulzura; y en otro, no. De la misma manera, la forma sensible se encuentra diversamente en lo exterior al alma y en el sentido que recibe las formas de lo sensible inmaterialmente. Ejemplo: el color del oro sin el oro[11]. Igualmente, el entendimiento percibe las especies de los cuerpos materiales y móviles, inmaterial e inmóvilmente, según su propia naturaleza, pues lo recibido está en quien lo recibe según el modo de ser de éste. Por lo tanto, hay que concluir que el alma conoce lo corporal por el entendimiento inmaterial, universal, y necesariamente.

Respuesta a las objeciones: [...] 3. *A la tercera hay que decir:* Todo movimiento supone algo inmóvil[12]. Pues, cuando es la cualidad lo que cambia, la sustancia queda inmóvil, y cuando

---

[10] Premisa mayor, implícita, de Platón. La refutación filosófica consiste en gran medida en hacer explícitas las asunciones implícitas de tu oponente para, a continuación, criticarlas.

[11] Es decir, que incluso los sentidos llevan a cabo una cierta abstracción; también, *a fortiori*, lo hace el entendimiento.

[12] Esto es, como un substrato inmutable. De lo contrario, no se podría decir en realidad que *x* cambia, pues *x* no seguiría siendo *x* tras el cambio. Ésta fue la solución que aportó Aristóteles al enigma del movimiento que atormentaba a sus predecesores ¿cómo puede *x* convertirse en *y*, y seguir siendo *x*?— que generó tres soluciones prearistotélicas inadecuadas: 1) Parménides: el movimiento es una ilusión; 2) Heráclito: *todo* se mueve (*panta rhei*); 3) Platón: en la realidad hay dos reinos separados, las formas

lo es la forma sustancial, la materia permanece invariable. En las realidades cambiables hay relaciones inmutables. Ejemplo: aunque Sócrates no esté siempre sentado, es absolutamente cierto que, cuando está sentado, permanece en un lugar concreto. Por eso, nada impide que haya ciencia invariable de lo cambiable.

ARTÍCULO 6

El conocimiento intelectual, ¿parte o no parte de las cosas sensibles?[13]

Objeciones por las que parece que el conocimiento intelectual no parte de las cosas sensibles:

[…]

2.   Más aún. Dice Agustín en XII *Super Gen. ad litt.: No debe creerse que el cuerpo obre algo en el espíritu como si el espíritu estuviese sometido a su acción en calidad de materia, puesto que es, en todos los conceptos, más digno el sujeto que obra que la realidad en la que se obra.* Por eso concluye: *No es el cuerpo el que produce su imagen en el espíritu, sino éste quien produce dicha imagen en sí mismo.* Por lo tanto, el conocimiento intelectual no proviene de las cosas sensibles.

3.   Todavía más. El efecto no sobrepasa la capacidad de su causa. Pero el conocimiento intelectual llega más allá de los objetos sensibles, pues llegamos a conocer cosas que no perciben los sentidos. Por lo tanto, el conocimiento intelectual no proviene de las cosas sensibles.

En cambio, el Filósofo, en *Metaphys.* y al final del *De Poster.*, demuestra que el principio de nuestro conocimiento parte de los sentidos.

Solución. *Hay que decir:* Sobre esta cuestión, entre los filósofos hubo tres opiniones. Demócrito sostuvo que *la única*

inmutables y las sustancias naturales totalmente móviles. Nótese cómo cada solución se iba acercando a la verdad más que sus predecesoras.

[13] Nótese de nuevo lo equilibrado de Santo Tomás: el artículo 5 (el argumento platónico-agustiniano) se ha de complementar con el artículo 6 (el argumento aristotélico) y viceversa.

causa de cada uno de nuestros conocimientos consiste en que vengan y entren en nuestras almas las imágenes [materiales] *de los cuerpos en que pensamos,* como nos transmite Agustín en su carta *Ad Dioscorum.* Y Aristóteles, en el libro *De somn. et vigil.,* también dice que Demócrito sostuvo que el conocimiento se verifica *por imágenes y emanaciones.* El fundamento de tal opinión está en que tanto Demócrito como los antiguos naturalistas no establecían diferencias entre el entendimiento y el sentido, como delata Aristóteles en el libro *De Anima.* Por eso, como el sentido es alterado por el objeto sensible, estimaron que todos nuestros conocimientos se verificaban sólo por esta alteración producida por lo sensible. Esta alteración Demócrito afirmaba que se realiza por emanaciones de imágenes.

Por su parte, Platón distinguía el entendimiento de los sentidos. Así, el entendimiento era una facultad inmaterial que para su acción no se servía de ningún órgano corporal. Y como lo incorpóreo no puede ser alterado por lo corpóreo[14], dedujo que el conocimiento intelectual no se verifica por la modificación que los objetos sensibles producen en el entendimiento, sino por la participación de las formas inteligibles separadas. Esto ya se dijo (a.5). También sostuvo que los sentidos tenían cierta virtualidad propia por la que ni siquiera ellos mismos, a no ser como facultad espiritual, son alterados por objetos sensibles, que sólo afectan a los órganos sensoriales, por cuya alteración de alguna manera es estimulada el alma en orden a configurar en sí misma las especies de los objetos sensibles. Esta opinión parece ser muy cercana a la expresada por Agustín en XII *Super Gen. ad litt.,* cuando dice: *No es el cuerpo el que siente, sino el alma por el cuerpo, del que se sirve como de mensajero para formar en sí misma lo que se le notifica de fuera.* Así pues, según la opinión de Platón, ni el conocimiento intelectual procede del sensible, ni siquiera el sensible procede totalmente de los objetos sensibles, sino que los objetos sensibles estimulan al alma sensitiva para sentir, y, a su vez, los sentidos estimulan al alma intelectiva para entender.

---

[14] Platón estaba en lo cierto en estas tres cuestiones precedentes, pero se equivocaba al pensar que necesitaban la conclusión que sigue a esta nota al pie.

Aristóteles mantuvo una postura intermedia[15]. Con Platón admite que el entendimiento es distinto del sentido. Pero sostuvo que el sentido no ejerce su operación propia sin que intervenga el cuerpo, de tal manera que el sentir no es un acto exclusivo del alma, sino del compuesto. Lo mismo afirma de todas las operaciones de la parte sensitiva. Y porque no hay inconveniente en que los objetos sensibles que se encuentran fuera del alma produzcan algún efecto en el compuesto, Aristóteles concuerda con Demócrito en decir que las operaciones de la parte sensitiva son causadas por impresiones de los objetos sensibles en el sentido, pero no a modo de emanación, como sostuvo Demócrito, sino por medio de una operación. Pues Demócrito suponía que todas las acciones se deben a la movilidad de los átomos, como aparece en I *De Generat.* Aristóteles, en cambio, sostenía que el entendimiento ejecuta su operación sin la intervención del cuerpo. Nada corpóreo puede influir en algo incorpóreo. De este modo, según Aristóteles, para que se produzca la operación intelectual no basta la simple impresión de los cuerpos sensibles, sino que se precisa algo más digno, porque, como él mismo dice, *el agente es más digno que el paciente.* Sin embargo no en el sentido de que la operación intelectual sea producida en nosotros por el solo influjo de ciertos seres superiores, como sostuvo Platón, sino en cuanto que un agente superior y más digno, llamado entendimiento agente, y del que ya dijimos algo (q.79 a.3.4), por medio de la abstracción hace inteligibles las imágenes recibidas por los sentidos.

Por lo tanto, según esto, la operación intelectual es causada por los sentidos en lo que se refiere a las imágenes. Pero porque las imágenes no son suficientes para alterar el entendimiento posible, sino que necesitan el entendimiento agente para convertirse en inteligibles en acto, no puede decirse que el conocimiento sensible sea la causa total y perfecta del conocimiento intelectual, sino que, en cierto modo, es la materia de la causa.

---

[15] Como de costumbre. Esta afirmación resume la postura de Aristóteles frente a otros filósofos tanto anteriores como posteriores a él.

Respuesta a las objeciones: […] 2. *A la segunda hay que decir.* Agustín no está hablando del conocimiento intelectivo, sino de lo imaginario[16] […]

3. *A la tercera hay que decir.* El conocimiento sensitivo no es causa completa del conocimiento intelectual. Por lo tanto, no hay que extrañarse de que el conocimiento intelectual abarque más que el sensitivo.

[16] Una interpretación amable aunque cuestionable de San Agustín.

CUESTIÓN 85

Sobre el conocer: modo y orden

ARTÍCULO 1

Nuestro entendimiento, ¿conoce o no conoce lo corporal y lo material abstrayendo especies de las imágenes?

Objeciones por las que parece que nuestro entendimiento no conoce lo corporal y lo material abstrayendo especies de las imágenes:

1. Cualquier entendimiento que entiende una cosa de modo distinto a como ella es, está equivocado. Ahora bien, las formas de las cosas materiales no existen abstraídas de los objetos particulares, cuyas representaciones son las imágenes. Por lo tanto, si conociéramos las realidades materiales abstrayendo sus especies de las imágenes, la falsedad estaría en nuestro entendimiento.

2. Más aún. Las realidades materiales son realidades naturales en cuya definición entra la materia. Pero nada puede ser entendido sin conocer lo que entra en su definición. Por lo tanto, los seres materiales no pueden ser entendidos sin la materia. Pero la materia es principio de individuación. Por lo tanto, las realidades materiales no pueden ser entendidas abstrayendo lo universal de lo particular, que consiste en abstraer las especies inteligibles de las imágenes[17].

[...]

En cambio está lo que se dice en III *De Anima: En la medida en que las cosas son separables de la materia, se aproximan al entendimiento.* Por lo tanto, es necesario que las cosas materiales sean entendidas por abstracción de la materia y de las representaciones materiales, esto es, de las imágenes.

---

[17] Estas dos objeciones asumen una teoría del conocimiento basada en la simple «copia».

Solución. *Hay que decir:* Como dijimos (q.84 a.7), el objeto cognoscible está proporcionado a la facultad cognoscitiva. Hay tres grados en la facultad cognoscitiva. 1) Hay una facultad cognoscitiva que es acto de un órgano corporal, y es el *sentido.* Por eso, el objeto de cualquier potencia sensitiva es la forma en cuanto presente en la materia corporal. Como dicha materia es principio de individuación, las potencias de la parte sensitiva sólo conocen realidades concretas[18]. 2) Hay otra facultad cognoscitiva que ni es acto de un órgano corporal ni está unida de ninguna manera a lo corpóreo, y ésta es el *entendimiento angélico.* Así, el objeto de esta facultad cognoscitiva es la forma subsistente sin materia, pues aunque conozca las realidades materiales, sin embargo, no las conoce más que viéndolas en las inmateriales, ya sea en sí mismo, ya en Dios[19]. 3) El entendimiento humano ocupa un lugar intermedio[20], pues no es acto de ningún órgano corporal[21]. En cambio, es una facultad del alma que es forma del cuerpo[22], como quedó demostrado (q.76 a.1). Y por eso, le corresponde como propio el conocimiento de la forma presente en la materia corporal individual, si bien no tal como está en la materia[23]. Pero conocer lo que está en una materia individual y no tal como está en dicha materia, es abstraer la forma de la materia individual representada en las imágenes. De este modo, es necesario afirmar que nuestro entendimiento conoce las realidades materiales abstrayendo de las imágenes. Y por medio de las realidades materiales así entendidas, llegamos al conocimiento de las inmateriales, pero de forma distinta a como lo hacen los ángeles, los cuales por lo inmaterial conocen lo material.

---

[18] Es decir, que no podemos ver «arboreidad», sólo árboles.

[19] Los ángeles conocen todo cuanto conocen —incluso los hechos del mundo material— por medio de una especie de telepatía mental.

[20] Un principio clave; la jerarquía cósmica da de nuevo perspectiva al «dorado término medio» aristotélico de Santo Tomás (cf. nota 15).

[21] (Como lo son los sentidos).

[22] Al contrario que el intelecto de un ángel.

[23] Es decir, no limitada a dicha instancia en particular.

En cambio, Platón, atendiendo sólo a la inmaterialidad del entendimiento humano y no al hecho de que de algún modo está unido al cuerpo, sostuvo que su objeto son las ideas separadas y que nosotros entendemos no abstrayendo, sino, más bien, participando de las realidades abstractas, como se dijo anteriormente (q.84 a.1).

Respuesta a las objeciones: 1. *A la primera hay que decir:* Hay dos maneras de Abstraer. 1) *Una*, por composición y división[24], como cuando entendemos que una cosa no está en otra o que está separada de ella. 2) *Otra*, por consideración simple y absoluta[25], como cuando entendemos una cosa sin pensar en ninguna otra. Así pues, abstraer según la primera manera indicada, esto es, abstraer con el entendimiento cosas que en la realidad no están abstraídas, no puede darse sin error. Pero no hay error en abstraer según la segunda manera, como resulta evidente en el orden sensible, pues si pensamos o decimos que el color de un cuerpo no le es inherente, o que está separado de él, hay falsedad en el juicio o en la expresión. En cambio, si consideramos el color y sus propiedades sin referencia alguna a la manzana en que está el color, o expresamos de palabra lo que así entendemos, no habrá error ni en el juicio ni en la expresión. Pues la manzana no pertenece a la esencia del color, y, consecuentemente, no hay inconveniente en que consideremos el color sin referirnos para nada a la manzana. Igualmente, lo que pertenece a la esencia específica de cualquier objeto material, una piedra, un hombre o un caballo, puede ser considerado sin sus principios individuales, que no entran en el concepto de esencia. En esto consiste precisamente abstraer lo universal de lo particular por la especie inteligible de las imágenes, esto es, considerar la naturaleza específica independientemente de los principios individuales representados por las imágenes.

[24] Esta «primera manera» es un *juicio* negativo, el segundo «acto de la mente».

[25] La «segunda manera» es un *concepto* abstraído de sus instancias concretas individuales, algo dentro del reino del primer «acto de la mente»: concepción, entendimiento, aprehensión.

132   SANTO TOMÁS DE AQUINO

Por lo tanto, cuando se dice que está errado quien entiende algo de modo distinto a como es, se está diciendo algo verdadero si la expresión *de modo distinto* se refiere a lo entendido. Pues es falso el entendimiento que entiende algo de modo distinto a como es en realidad. Por eso, sería falso el entendimiento que abstrajera de la materia la especie de piedra de manera que entendiese que no está en la materia, como sostuvo Platón. Pero no es verdadero si la expresión *de modo distinto* está referida a quien entiende. Pues no hay falsedad en que su modo de ser cuando entiende sea distinto del modo de ser de la realidad existente, puesto que lo entendido está inmaterialmente en quien lo entiende, según el modo de ser del entendimiento, y no materialmente, según el modo de ser de la realidad material.

2. *A la segunda hay que decir:* Algunos pensaron que la especie del objeto natural es sólo la forma, y que la materia no es parte de la especie [esencia]. Pero, según esto, la materia no entraría en la definición de las cosas naturales. Hay que tener presente dos tipos de materia, esto es, la común y la concreta o individual. Común, como la carne y los huesos; individual, como esta carne y estos huesos. El entendimiento abstrae la especie de la materia sensible individual, no de la materia sensible común. De este modo, abstrae la especie de hombre de esta carne y de estos huesos, que no pertenecen al concepto de la especie, sino que son partes del individuo, como se dice en VII *Metaphys.* Pero la especie de hombre no puede ser abstraída por el entendimiento de la carne y de los huesos.

Las especies matemáticas pueden ser abstraídas por el entendimiento, no sólo de la materia sensible individual, sino también de la común. Sin embargo, no de la materia inteligible común, sino sólo de la individual. Pues se llama materia sensible a la materia corporal en cuanto que es sujeto de cualidades sensibles, como el calor, el frío, la dureza o la blandura. Y se llama materia inteligible a la sustancia en cuanto que es sujeto de la cantidad. Es evidente que la cantidad está presente en la sustancia antes que las cualidades sensibles. Por eso, las cantidades, como números, dimensiones y figuras, que son límites de la cantidad, pueden ser consideradas sin las cualidades sensibles, y esto es abstraer de la materia sensible. Sin embargo, no pueden ser concebidas sin referirlas a la sustancia en cuanto sujeto de la cantidad, ya que esto sería abstraerlas de la materia inteligible común. Sin embargo, no es necesario referirlas a esta o a aquella sustancia. Esto equivaldría a abstraerlas de la materia inteligible individual.

Hay esencias que pueden ser abstraídas incluso de la materia inteligible común, como son el ser, la unidad, la potencia y el acto, los cuales también pueden existir sin materia alguna, como es el caso de las sustancias inmateriales[26]. Y porque Platón no tuvo presente este doble modo de abstracción, sostuvo que era abstracto realmente todo lo que, tal como dijimos (ad 1), es abstraído por el entendimiento […].

ARTÍCULO 2

Las especies inteligibles abstraídas de las imágenes, ¿se relacionan o no se relacionan con nuestro entendimiento como objeto?[27]

Objeciones por las que parece que las especies abstraídas de las imágenes se relacionan con nuestro entendimiento como objeto:

---

[26] Santo Tomás distingue (a) materia sensible individual: esta carne y estos huesos; (b) materia sensible común: carne y huesos en general; (c) materia inteligible común: sustancia cuantificada.

Los sentidos no abstraen a partir de (a), (b) o (c).

Las ciencias físicas abstraen de (a) pero no de (b) o (c).

Las ciencias matemáticas abstraen de (a) y (b), pero no de (c).

La metafísica abstrae de (a), (b) y (c).

La física, las matemáticas y la metafísica representan los tres grados de abstracción.

[27] Éste es, quizá, el artículo más importante de la epistemología de Santo Tomás, históricamente hablando, dado que es su alternativa a la mayor parte de la epistemología clásica moderna, que a su vez constituye la mayor parte de la filosofía clásica moderna. La epistemología moderna está lastrada por el fantasma del escepticismo, incluso del solipsismo a causa de su constante tendencia subjetivista. Esto, a su vez, surge sobre todo de la «cosificación de las ideas», la tendencia a no tratar las ideas como signos intencionales (puros signos, meros signos, «signos formales» —en la terminología técnica tomista—), sino como *cosas* pretendidas (conocidas) antes de que éstas pretendan otras cosas (técnicamente, como «signos materiales»); no como

[...]

2. Más aún. Es necesario que lo entendido en acto esté en algún ser. De no ser así, nada sería. Pero no está en la realidad exterior al alma, porque, por ser ésta una realidad material, nada de lo que hay en ella puede ser entendido en acto. Por lo tanto, lo entendido en acto está en el entendimiento. Consecuentemente, no es más que la especie inteligible anteriormente mencionada.

[...]

En cambio, la especie inteligible es con respecto al entendimiento lo que lo sensible con respecto al sentido. Pero la especie sensible no es lo que se siente, sino, más bien, aquello por lo que el sentido siente. Por lo tanto, la especie inteligible no es lo que se entiende en acto, sino aquello por lo que el entendimiento entiende[28].

Solución. *Hay que decir:* Algunos sostuvieron que nuestras facultades cognoscitivas no conocen más que las propias pasiones. Por ejemplo, que el sentido no conoce más que la alteración de su órgano. En este supuesto, el entendimiento no entendería más que su propia alteración, es decir, la especie

---

medios (*quo*) de conocer objetos, sino como objetos conocidos (*quod*). Ésta es, sin duda, la primerísima tesis de la teoría del conocimiento de Locke: «idea = objeto del conocimiento». Santo Tomás sigue una senda alternativa desde aquí, desde el mismo comienzo, y define una idea (o «especie inteligible») no como «aquello que» (*id quod*) es conocido, es decir, como un objeto, sino como «aquello por lo que» (*id quo*) es conocida alguna cosa objetivamente real. Si todo cuanto conociésemos de manera primaria y directa fuesen nuestras ideas, el escepticismo acabaría por ser inevitable, pues seríamos como prisioneros en las celdas de una cárcel, que sólo ven imágenes del mundo exterior en la televisión, y nunca podrán salir de la cárcel y ver de forma directa el mundo real para saber si las imágenes de la televisión son verdaderas o falsas.

[28] La analogía entre representaciones sensoriales e ideas («especies inteligibles») no es perfecta. No podemos percibir por reflexión los medios de nuestra percepción, esto es, las representaciones sensoriales (véase la segunda mitad del párrafo de la *solución*); pero las ideas, aunque no son objetos conocidos de manera primaria, *pueden* ser objetos conocidos de manera secundaria, reflexiva, después de que haya sido conocido algún objeto real primario. Las representaciones sensoriales, por otro lado, nunca son percibidas siquiera como objetos secundarios, pues la representación sensorial en sí no tiene tamaño, forma o peso como tienen los objetos sensibles.

inteligible recibida en él. Según esto, estas especies son lo que
el entendimiento conoce[29].

Pero esta opinión es evidentemente falsa por dos razones.
1) *Primera*, porque los objetos que entendemos son los mismos
que constituyen las ciencias. Así pues, si solamente entendiéra-
mos las especies presentes en el alma, se seguiría que ninguna
ciencia trataría sobre las realidades exteriores al alma, sino sólo
sobre las especies inteligibles que hay en ella. [...]. 2) *Segunda*,
porque se repetiría el error de los antiguos [los sofistas], los
cuales sostenían que *es verdadero todo lo aparente* [cf. Aristóteles III *Metaphys.* 5]. Así, lo contradictorio sería simultáneamente
verdadero. Pues si una potencia no conoce más que su propia
impresión, sólo juzga de ella. Pero lo que algo parece, depende
del modo como es alterada la potencia cognoscitiva. Por lo
tanto, el juicio de la potencia cognoscitiva siempre tendría por
objeto aquello que juzga, es decir, su propia alteración tal y
como es. Consecuentemente, todos sus juicios serían verdaderos.
Por ejemplo, si el gusto no siente más que su propia impresión,
cuando alguien tiene el gusto sano y juzga que la miel es dulce,
hará un juicio verdadero. Igualmente emitiría un juicio verdadero quien, por tener el gusto afectado, afirmara que la miel es
amarga. Pues ambos juzgan según les indica su gusto. De ser así,
se deduciría que todas las opiniones son igualmente verdaderas.
Lo mismo cabría decir de cualquier percepción[30].

[29] La «especie inteligible» es la forma, abstraída por la mente a partir de la sustancia
real existente en la naturaleza. Así, conforme a esta epistemología semisubjetivista,
semiescéptica, que critica Santo Tomás, no podemos conocer las cosas reales como
verdaderamente son (lo que Kant llama «cosas en sí mismas»). Santo Tomás aduce que
esta postura conduciría a dos conclusiones absurdas (en el párrafo siguiente).

[30] En otras palabras, «verdadero» significa «verdadero para mí», de manera que
nadie se equivoca nunca, pues no hay conocimiento de la realidad objetiva que juzgue
que una opinión subjetiva no alcance a cumplir con éste. Este pensamiento goza de
gran popularidad entre los estudiantes norteamericanos: véase la primera frase del
best-seller de Allan Bloom, *The Closing of the American Mind*. El argumento de Santo
Tomás contra este relativismo es simple y lógico: viola la ley de la no contradicción.
A los efectos, otro argumento simple es que si toda opinión es igualmente verdadera,
entonces la siguiente opinión también es verdadera: que alguna opinión es falsa.

Por lo tanto, hay que afirmar que la especie inteligible con respecto al entendimiento es como el medio por el que entiende[31] [...].

Pero porque el entendimiento vuelve sobre sí mismo, por un único acto reflexivo conoce tanto su propio entender como la especie por la que entiende, y, así, secundariamente, la especie inteligible es lo entendido. Pues lo primero que se entiende es la realidad representada en la especie inteligible [...].

Respuesta a las objeciones: [...] 2.   *A la segunda hay que decir*: Cuando se dice *lo entendido en acto* se implica tanto lo entendido como el acto de entender. Igualmente, cuando se dice *el universal abstraído*, se implica tanto la naturaleza misma del objeto como su abstracción o universalidad. Así, pues, la naturaleza que puede ser abstraída, entendida o concebida de modo universal, no existe más que en los singulares, mientras que su abstracción, intelección y universalización conceptual es

---

[31] Santo Tomás ve así de manera implícita las ideas como algo dinámico en lugar de estático, como actos (o instrumentos) de conocimiento, en lugar de objetos conocidos (excepto por un acto reflexivo, secundario):

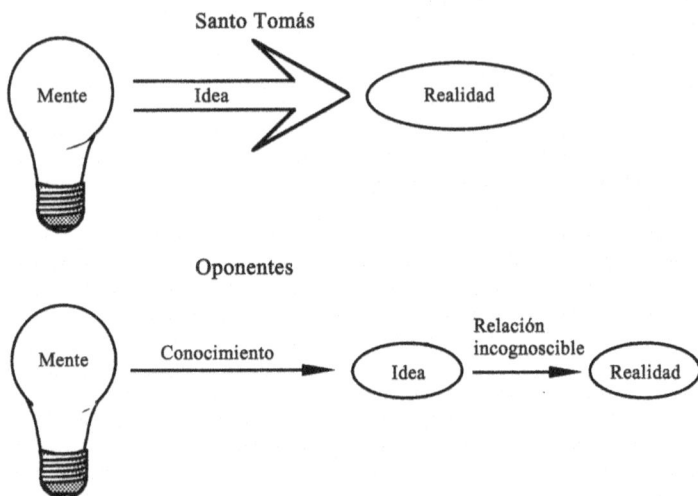

Santo Tomás

Mente — Idea → Realidad

Oponentes

Mente — Conocimiento → Idea — Relación incognoscible → Realidad

propia del entendimiento. Algo parecido podemos observar en los sentidos. Pues la vista ve el color de la manzana sin su olor. Por lo tanto, si se pregunta dónde está el color que se ve sin el olor, la respuesta tiene que ser: en la manzana misma. El que se perciba sin el olor depende de la vista, en cuanto que posee la imagen del color y no la del olor. Igualmente, la humanidad conocida no existe más que en este o en aquel hombre. El que sea percibida sin las condiciones individuantes, en lo cual consiste su abstracción y de lo que se sigue su universalidad conceptual, le viene del hecho de ser percibida por el entendimiento[32] [...].

---

[32] La «condición de manzana» sólo existe en las manzanas individuales, aunque el entendimiento puede abstraer (o «concentrarse en») la forma sola, *sin la materia*; así, la forma *tal y como es conocida* es universal (pues la *materia* es el individuante de la forma). La universalidad se encuentra en la mente, no en el mundo.

VII. ÉTICA

CUESTIÓN 2

¿En qué consiste la bienaventuranza del hombre?[1]

ARTÍCULO 1

¿Consiste la bienaventuranza del hombre en las riquezas?

Objeciones por las que parece que la bienaventuranza del hombre consiste en las riquezas:

[1] Esta cuestión segunda constituye el resumen más magistral de las respuestas básicas que los filósofos —en sus obras— y la gente —en su día a día— han dado siempre a la pregunta más importante en la vida: la cuestión del *summum bonum*, el bien supremo, el fin último, el significado y sentido de la vida. He incluido una cantidad inusualmente extensa de notas al pie en esta cuestión, no porque sea enrevesada, sino porque su importancia es crucial. Moisés, Salomón, Buda, Krisná, Confucio, Lao-Tsé, San Pablo, San Agustín, Mahoma, Maquiavelo, Hobbes, Bacon, Pascal, Kierkegaard,

1.   La bienaventuranza, por ser el fin último del hombre, está en lo que domina totalmente su afecto. Y así son las riquezas, pues dice Ecle 10, 19: *Todo obedece al dinero*[2]. Por tanto, la bienaventuranza del hombre consiste en las riquezas.

2.   Además, la bienaventuranza es *un estado perfecto con la unión de todos los bienes*, como dice Boecio en III *De consol*. Pero parece que todo se posee con el dinero, porque, como dice el Filósofo en el V *Ethic.*, el dinero se inventó para ser como la fianza de cuanto desee el hombre[3]. Luego la bienaventuranza consiste en las riquezas.

3.   Además, el deseo del bien sumo parece que es infinito, pues nunca se extingue. Pero esto ocurre sobre todo con la riqueza, porque *el avaro nunca se llenará de dinero,* como dice Ecle 5, 9. Luego la bienaventuranza consiste en las riquezas.

En cambio, el bien del hombre consiste más en conservar la bienaventuranza que en gastarla. Pero, como dice Boecio en II *De consol.: Lo que da más brillo al dinero no es el atesorarlo, sino el gastarlo; por eso, la avaricia inspira aversión, mientras que la generosidad merece el aplauso de la gloria.* Luego la bienaventuranza no consiste en las riquezas[4].

Nietzsche, Sartre, Marx todo sabio y pseudo sabio da respuesta a esta pregunta, y sus respuestas tiñen y determinan el resto de la filosofía práctica de cada uno de ellos.

[2] La versión antigua del «todo tiene un precio», o incluso del «todo hombre tiene un precio».

N.B.: los argumentos de estas tres objeciones no son sino pistas; dan con características comunes al *summum bonum* y a la riqueza. Como demostraciones, caen en la falacia de la base no distribuida: el *summum bonum* es *x*, la riqueza es *x*, por tanto la riqueza es el *summum bonum*. Lo mismo sucede con la mayoría de las objeciones a los siguientes artículos de esta cuestión.

[3] Es decir, el dinero es como un paraguas, por encima de todo. El dinero puede comprar cualquier cosa que se pueda comprar con dinero. Dado que es su universalidad lo que parece validarlo como el *summum bonum*, la respuesta de Santo Tomás es que esa universalidad suya es engañosa: sólo puede comprar «lo que se puede comprar con dinero» (respuesta a la segunda objeción). La verdad es que se trata de un paraguas bastante pequeño.

[4] El dinero, al contrario que la felicidad [la bienaventuranza], es bueno sólo cuando se gasta, no cuando se conserva.

N.B.: los argumentos de las secciones «en cambio» no son demostraciones de la causa al efecto, sino que a menudo van del efecto a la causa. La verdadera causa o

Solución. *Hay que decir:* Es imposible que la bienaventuranza del hombre consista en las riquezas. Hay dos clases de riquezas, como señala el Filósofo en I *Polit.*, las naturales y las artificiales. Las riquezas naturales sirven para subsanar las debilidades de la naturaleza; así el alimento, la bebida, el vestido, los vehículos, el alojamiento, etc. Por su parte, las riquezas artificiales, como el dinero, por sí mismas, no satisfacen a la naturaleza, sino que las inventó el hombre para facilitar el intercambio, para que sean de algún modo la medida de las cosas vendibles⁵.

Es claro que la bienaventuranza del hombre no puede estar en las riquezas naturales, pues se las busca en orden a otra cosa; para sustentar la naturaleza del hombre y, por eso, no pueden ser el fin último del hombre, sino que se ordenan a él como a su fin. Por eso, en el orden de la naturaleza, todas las cosas están subordinadas al hombre y han sido hechas para el hombre, como dice el salmo 8, 8: *Todo lo sometiste bajo sus pies*⁶.

razón de por qué la riqueza no es el *summum bonum* se da en la solución «hay que decir». El «en cambio» sólo apunta un indicio del hecho de que la riqueza no es la bienaventuranza, pero no la verdadera razón o causa.

Cuando Santo Tomás dice que la bienaventuranza, al contrario que la riqueza, es buena cuando se posee y no se gasta, no se refiere a que nuestra felicidad no se incremente, de hecho, cuando hacemos felices a los demás, sino que el sentido esencial de «felicidad» [bienaventuranza] es la satisfacción de los deseos de un individuo. Entre éstos podría y debería estar incluido el deseo de hacer felices también a los demás.

⁵ La simple y obvia distinción entre riqueza natural y riqueza artificial (y entre cualquier otra cosa natural y artificial, como el sexo, la muerte y el control de natalidad) en la práctica queda en gran medida relegada al olvido en una sociedad industrial y capitalista. En una sociedad como la nuestra, que otorga tal prominencia a la riqueza artificial, la codicia supone un gran peligro espiritual, pues el deseo de la riqueza artificial es ilimitado mientras que el deseo de la riqueza natural, por muy codicioso que fuera, es siempre limitado (respuesta a la tercera objeción). Nunca hay suficiente dinero, pero suele haber suficiente alimento. Una buena sociedad no promovería nunca la riqueza (el exceso de riqueza artificial) ni la pobreza (la falta de riqueza natural).

⁶ El hombre es un fin, las cosas (la riqueza) son medios. Que el hombre esté al servicio de las cosas supone invertir el orden de la realidad. Santo Tomás asume aquí que el hombre es un fin y no un medio, si bien no es el fin último. En la sección «en cambio» del artículo 7, dice que el hombre no ha de ser amado por sí mismo (como fin último), sino por Dios. Dios ha de ser adorado; el hombre, amado; y las cosas, utilizadas. Dos de los errores más comunes y terribles son adorar al hombre, y utilizar al hombre mientras se ama a las cosas.

Las riquezas artificiales, a su vez, sólo se buscan en función de las naturales. No se apetecerían si con ellas no se compraran cosas necesarias para disfrutar de la vida. Por eso tienen mucha menos razón de último fin[7]. Es imposible, por tanto, que la bienaventuranza, que es el fin último del hombre esté en las riquezas.

Respuesta a las objeciones: 1. *A la primera hay que decir:* Todas las cosas corporales obedecen al dinero, por lo que se refiere a la multitud de los necios, que sólo reconocen bienes corporales, que pueden adquirirse con dinero. Pero no son los necios, sino los sabios, quienes deben facilitarnos el criterio acerca de los bienes humanos, del mismo modo que el criterio acerca de los sabores debemos tomarlo de quienes tienen el gusto bien dispuesto[8].

2. *A la segunda hay que decir:* El dinero puede adquirir todas las cosas vendibles, pero no las espirituales, que no pueden venderse. Por eso dice Prov 17, 16: *¿De qué sirve al necio tener riquezas, si no puede comprar la sabiduría?*

3. *A la tercera hay que decir:* El deseo de riquezas naturales no es infinito, porque las necesidades de la naturaleza tienen un límite. Pero sí es infinito el deseo de riquezas artificiales, porque es esclavo de una concupiscencia desordenada, que nunca se sacia, como nota el Filósofo en I *Polit.* Sin embargo, el deseo de riquezas y el deseo del bien supremo son distintos, porque cuanto más perfectamente se posee el bien sumo, tanto más se le ama y se desprecian las demás cosas. Por eso dice Eclo 24, 29: *Los que me comen quedan aún con hambre de mí.* Pero con el

---

[7] Esto constituye un buen ejemplo de un argumento *a minore:* si la riqueza natural no es el *summum bonum* porque es un simple medio, y no un fin, entonces la riqueza artificial lo será menos todavía, ya que es un simple medio para llegar al medio (la riqueza natural).

N.B.: Santo Tomás toma los candidatos a *summum bonum* en un orden premeditado: de lo más necio y más externo a lo menos necio y más interno. La riqueza es lo más alejado de la felicidad a pesar de ser el candidato más popular a tan distinguido título (véase la primera objeción y su respuesta). El placer se acerca mucho más, pues al menos constituye una *propiedad* de la felicidad, que fluye de ésta («hay que decir» del artículo 6), si bien no se trata sólo de placer corporal.

[8] La respuesta de Santo Tomás a esa pregunta escéptica tan popular de «¿y eso quién lo dice?».

deseo de riquezas o de cualquier otro bien temporal ocurre lo contrario: cuando ya se tienen, se desprecian y se desean otras cosas[9], como manifiesta Jn 4, 13, cuando el Señor dice: *Quien bebe de esta agua*, refiriéndose a los bienes temporales, *volverá a tener sed.* Y precisamente porque su insuficiencia se advierte mejor cuando se poseen. Por lo tanto, esto mismo muestra su imperfección y que el bien sumo no consiste en ellos[10].

ARTÍCULO 2

¿La bienaventuranza del hombre consiste en los honores?[11]

Objeciones por las que parece que la bienaventuranza del hombre consiste en los honores:

1. La bienaventuranza o felicidad es *el premio de la virtud*, como dice el Filósofo en I *Ethic.* Pero parece que el premio más adecuado a la virtud es el honor, como dice el Filósofo en IV *Ethic.* Luego la bienaventuranza consiste propiamente en el honor.

2. Además, parece evidente que la bienaventuranza, que es el bien perfecto, se identifica con lo propio de Dios y de los seres más excelentes. Pero así es el honor, como dice el Filósofo en IV *Ethic.* También, en 1 Tim 1, 17, dice el Apóstol: *A Dios solo el honor y la gloria.* Luego la bienaventuranza consiste en el honor.

---

[9] N.B.: con los «objetos sexuales» sucede lo mismo que con el dinero: resultan mucho menos deseables una vez «conseguidos» que cuando no se tenían y se deseaban. Con el verdadero bien es justo al contrario. Es probable que Santo Tomás dijese que nuestra sociedad trata al sexo igual que al dinero (como medio de intercambio) y al dinero igual que al sexo (pues el dinero se puede reproducir por medio de los intereses [usura] en un sistema capitalista, algo que Santo Tomás consideraba antinatural, tanto como la mayoría de pensadores premodernos cristianos, judíos y musulmanes).

[10] De este modo, la experiencia es una maestra honesta, en especial la experiencia del fracaso y la infelicidad, tal y como descubrió San Agustín en su vida (cf. *Confesiones*) y tantos otros descubren hoy en día.

[11] La versión antigua del honor («calificaciones altas» de los demás) es jerárquica —recibir honores por ser *superior*— mientras que la versión moderna más habitual es igualitaria —ser aceptado como «uno entre la multitud»—; pero ambas versiones quedan sometidas a estos mismos argumentos.

3. Además, lo que más desean los hombres es la bienaventuranza. Pero no parece haber nada más deseable para ellos que el honor, porque, para evitar el menor detrimento de su honor, los hombres soportan la pérdida de todas las demás cosas[12]. Luego la bienaventuranza consiste en el honor.

En cambio, la bienaventuranza está en el bienaventurado. Pero el honor no está en quien es honrado, sino *más bien en quien honra*[13], en quien le rinde homenaje, como advierte el Filósofo en I *Ethic.* Luego la bienaventuranza no consiste en el honor.

Solución. *Hay que decir.* Es imposible que la bienaventuranza consista en el honor, pues se le tributa a alguien por motivo de la excelencia que éste posee, y así el honor es como signo o testimonio de la excelencia que hay en el honrado[14]. Pero la excelencia del hombre se aprecia sobre todo en la bienaventuranza, que es el bien perfecto del hombre, y en sus partes, es decir, en aquellos bienes por los que se participa de la bienaventuranza. Por tanto, el honor puede acompañar a la bienaventuranza, pero ésta no puede consistir propiamente en el honor.

Respuesta a las objeciones: 1. *A la primera hay que decir.* Como señala el Filósofo en el mismo lugar, el honor no es el premio de la virtud por el que se esfuerzan los virtuosos, sino que los hombres se lo tributan a modo de premio *por no tener nada mejor que dar.* Pero el premio auténtico de la virtud es la misma bienaventuranza, por la que se esfuerzan los virtuosos. Si se esforzaran por el honor, no habría virtud, sino [el vicio de la] ambición.

2. *A la segunda hay que decir.* Debemos honor a Dios y a los seres más excelentes como signo y testimonio de su excelencia previa, no porque el honor los haga excelentes.

---

[12] Esta objeción, igual que la primera objeción del artículo 1, confunde lo deseado con lo deseable, o el *querer* con el *necesitar.*

[13] Es decir, que el honor es externo y la felicidad es interna.

[14] Esforzarse buscando la nota en un curso en lugar de buscar el saber es un ejemplo de una inversión errónea del signo y el objeto significado. Otro ejemplo sería irse de vacaciones únicamente para sacar fotos de éstas. Un tercer ejemplo consistiría en ser buena persona sólo para recibir honores de los demás, o para «llevarse bien con la gente», una forma muy popular de este mismo error.

3. *A la tercera hay que decir:* Los hombres aprecian mucho el honor por su deseo natural de bienaventuranza, a la que acompaña el honor, como se ha dicho (a.2). Por eso buscan sobre todo que los honren los sabios, pues con su aprobación se creen excelentes y felices[15].

ARTÍCULO 3

¿La bienaventuranza del hombre consiste en la fama o gloria?[16]

Objeciones por las que parece que la bienaventuranza del hombre consiste en la gloria:

1. Parece que la bienaventuranza consiste en lo que se da a los santos por las tribulaciones que padecen en el mundo. Y eso es la gloria, pues dice el Apóstol, Rom 8, 18: *Los sufrimientos del presente tiempo no son comparables con la gloria que se manifestará en nosotros.* Por tanto, la bienaventuranza consiste en la gloria.

2. Además, el bien es difusivo de sí mismo, como muestra Dionisio en el capítulo 4 del *De div. nom.* Pero el bien del hombre llega al conocimiento de los demás mediante la gloria, porque, como dice Ambrosio [Agustín, *Contra Maximin. Haeret* 2 c.13] la gloria es *una notoriedad laudatoria.* Luego la bienaventuranza del hombre consiste en la gloria [cf. nota 11].

3. Además, la bienaventuranza es el más estable de los bienes. Y así parece ser la fama o gloria, porque por ella los hombres alcanzan de algún modo la eternidad. Por eso dice Boecio en *De*

---

[15] Incluso en lo referente a cómo se comportan *realmente* los hombres, y mucho menos cómo *deberían* comportarse, éstos dejan patente que no buscan el honor como *summum bonum* ya que, de buscarlo como tal, no importaría quién los honrase. El hecho de que busquen ser honrados por los sabios, quienes conocen la verdad, en lugar de por necios, significa que quieren ser honrados para ser verdaderamente felices (es decir, objetivamente buenos, bienaventurados, merecedores de honor).

[16] Aunque «honor» y «fama» son similares, no son idénticos. Podemos ser honrados (por unos pocos) sin ser famosos (para el resto del mundo), o ser famosos sin ser honrados (si la fama es negativa o de un valor neutro). Sin embargo, aquí la «fama» es positiva: un honor multiplicado, la cantidad añadida a la calidad (véase la segunda frase del «hay que decir»).

consol.: Vosotros creéis asegurar vuestra inmortalidad cuando pensáis en vuestra gloria venidera. Por tanto, la bienaventuranza del hombre consiste en la fama o gloria.

En cambio, la bienaventuranza es el verdadero bien del hombre. Pero la fama o gloria pueden ser falsas[17], como dice Boecio en el libro III *De consol.: Son muchos los que deben su renombre a la falsa opinión del vulgo: ¿puede darse algo más vergonzoso? Pues quien es alabado sin merecimiento forzosamente sentirá vergüenza de los elogios.* Por tanto, la bienaventuranza no consiste en la fama o gloria.

Solución. *Hay que decir:* Es imposible que la bienaventuranza del hombre consista en la fama o gloria humana. La gloria se define como *una notoriedad laudatoria,* como dice Ambrosio [Agustín, *Contra Maximin. Haeret* 2 c.13]. Ahora bien, el conocimiento de una cosa es distinto en Dios y en el hombre, pues el conocimiento humano es producido por las cosas conocidas, mientras que el conocimiento divino las produce[18]. Por eso, la perfección del bien humano, que llamamos bienaventuranza, no puede producirla el conocimiento humano, sino que éste procede de la bienaventuranza de alguien y es como causado por ella, sea incoada o perfecta. Por tanto, la bienaventuranza del hombre no puede consistir en la fama o en la gloria. Pero el bien del hombre depende, como de su causa, del conocimiento de Dios. Y, por eso, la bienaventuranza del hombre tiene su causa en la gloria que hay ante Dios[19], como dice el salmo 90, 15-16: *Lo libraré y lo glorificaré, lo saciaré de largos días y le haré ver mi salvación.*

---

[17] Nótese que aquí el uso de «verdadero» y «falso» no describe *proposiciones,* sino *realidades,* auténticas o no auténticas (cf. I, 16, «hay que decir»).

[18] Según el Génesis, Dios causó el universo, su existencia, por medio de su conocimiento, al pronunciar la palabra en su mente. Las cosas existen y son *lo que son* porque Dios las conoce como tales (por ejemplo, los perros son perros porque Dios así «se los inventó»). El conocimiento humano es similar en las artes creativas, pero en la ciencia y en el sentido común, el conocimiento humano es causado por y conforme a su objeto: pensamos «el cielo es azul» porque el cielo *es* azul. Este principio metafísico acarrea la conclusión de que la fama no puede ser causa de la felicidad, pues la fama es una forma del conocimiento humano, y el conocimiento humano no es causa de su objeto, sino que es causado por éste.

[19] Esta alabanza y gloria de Dios es un ingrediente de la felicidad suprema 1) porque el conocimiento de Dios causa la realidad en lugar de reflejarla, y 2) porque cada

Hay que considerar también que el conocimiento humano se equivoca con frecuencia, sobre todo al juzgar los singulares contingentes, como son los actos humanos; y, por eso, la gloria humana es frecuentemente engañosa. En cambio, la gloria de Dios, como Él no puede equivocarse, es siempre verdadera; por eso se dice en 2 Cor 10, 18: *Está probado aquel a quien recomienda el Señor.*

Respuesta a las objeciones: 1. *A la primera hay que decir:* El Apóstol no se refiere a la gloria que procede de los hombres, sino a la que otorga Dios ante sus ángeles. De ahí que se diga en Me 8, 38: *El Hijo del hombre lo reconocerá en la gloria de Dios, ante sus ángeles.*

2. *A la segunda hay que decir:* El reconocimiento multitudinario de la bondad de un hombre ilustre, si es verdadero, debe derivar de la bondad existente en ese hombre y, entonces, presupone su bienaventuranza, perfecta o sólo iniciada. Pero si este reconocimiento es falso, no concuerda con la realidad y, por tanto, la bondad no se encuentra en quien la fama ha hecho célebre. En consecuencia, queda claro que la fama nunca puede hacer a un hombre bienaventurado.

3. *A la tercera hay que decir:* La fama no tiene estabilidad, es más, la destruye fácilmente un rumor falso. Si alguna vez permanece estable es por accidente. Pero la bienaventuranza tiene estabilidad por sí misma y siempre.

ARTÍCULO 4

¿Consiste la bienaventuranza del hombre en el poder?[20]

Objeciones por las que parece que la bienaventuranza consiste en el poder:

---

uno de los candidatos inadecuados a la felicidad está incluido, es transformado y perfeccionado en la verdadera felicidad como un ingrediente.

[20] Aquello a lo que se suelen referir los pensadores modernos con «libertad» queda enmarcado bajo este título (cf. en especial la objeción tercera).

1.   Todas las cosas tienden a asemejarse a Dios, como fin último y primer principio. Pero los hombres constituidos en poder se parecen más a Dios por la semejanza del poder[21]; por eso en la Escritura se les llama incluso *dioses,* como puede verse en Éx 22, 28: *No hablarás mal de los dioses.* Luego la bienaventuranza consiste en el poder.

2.   Además, la bienaventuranza es un bien perfecto. Pero lo más perfecto es que el hombre pueda gobernar también a los demás, y esto es propio de los que están investidos de poder. Luego la bienaventuranza consiste en el poder.

3.   Además, la bienaventuranza, por ser lo más deseable, se opone a lo que es más repulsivo. Pero los hombres huyen sobre todo de la esclavitud, que es lo opuesto al poder. Luego la bienaventuranza consiste en el poder.

En cambio, la bienaventuranza es un bien perfecto. Pero el poder es muy imperfecto, porque, como dice Boecio en III *De consol.: El poder humano no es capaz de impedir el peso de las preocupaciones, ni de esquivar el aguijón de la inquietud.* Y añade: *¿Llamarás poderoso a quien se rodea de una escolta y teme más que es temido?*[22] Por tanto, la bienaventuranza no consiste en el poder.

Solución. *Hay que decir:* Es imposible que la bienaventuranza consista en el poder, por dos razones. La primera, porque el poder tiene razón de principio, como se ve en V *Metaphys.,* mientras que la bienaventuranza la tiene de fin último. La segunda, porque el poder vale indistintamente para el bien y para el mal; en cambio, la bienaventuranza es el bien propio y perfecto del hombre. En consecuencia, puede haber algo de bienaventuranza en el ejercicio del poder, más propiamente que en el poder mismo, si se desempeña virtuosamente.

Pueden aducirse, con todo, cuatro razones generales para probar que la bienaventuranza no puede consistir en ninguno de los bienes externos de los que venimos hablando. La primera

---

[21] N.B.: de manera espontánea pensamos en este atributo antes que en ningún otro, antes incluso que en la bondad, pues a Dios lo llamamos «Todopoderoso», ¡y utilizamos «por el amor de Dios» como un simple improperio!

[22] Cf. la famosa «dialéctica del amo y el esclavo» de Hegel (el amo es en realidad el esclavizado), y la máxima: «inquieta vive la cabeza que lleva una corona».

es que, por ser la bienaventuranza el bien sumo del hombre, no es compatible con algún mal[23]; y todos esos bienes los encontramos tanto en los buenos como en los malos. La segunda es que, por ser propio de la bienaventuranza el *ser suficiente por sí misma*, como se dice en I *Ethic.*, es de rigor que, una vez alcanzada, no le falte al hombre ningún bien necesario. Pero, después de lograr cada uno de esos bienes, pueden faltarle al hombre otros muchos necesarios, como la sabiduría, la salud del cuerpo, etc. La tercera es que la bienaventuranza no puede ocasionar a nadie ningún mal, porque es un bien perfecto; pero esto no sucede con los bienes citados, pues se dice en Ecle 5, 12 que las riquezas se guardan *para el mal de su dueño*, y lo mismo ocurre con los otros tres. La cuarta es que el hombre se ordena a la bienaventuranza por principios internos, pues se ordena a ella por naturaleza; pero esos cuatro proceden de causas externas y, con frecuencia, de la fortuna [azar], de ahí que se les llame también bienes de fortuna[24]. Por tanto, de ningún modo puede consistir la bienaventuranza en ellos.

Respuesta a las objeciones: 1. *A la primera hay que decir:* El poder divino se identifica con su bondad[25] y, por eso, no puede ejercerse mal. Pero esto no ocurre en los hombres. De ahí que no baste para la bienaventuranza del hombre el asemejarse a Dios en el poder si no se asemeja también en la bondad.

2. *A la segunda hay que decir:* Del mismo modo que lo mejor es que alguien desempeñe bien el poder en el gobierno de muchos, lo peor es que lo desempeñe mal[26]. Es que el poder vale lo mismo para el bien que para el mal.

3. *A la tercera hay que decir:* La esclavitud es un impedimento para el buen uso del poder y, por eso, los hombres sienten una

---

[23] Nótese aquí la diferencia entre la felicidad (verdadera y objetiva) y la simple satisfacción (subjetiva).

[24] Nótese cómo este frívolo error se halla implícito en la raíz de la palabra «felicidad» en inglés: «happiness», que se deriva de «hap» (azar, casualidad o fortuna).

[25] Dado que todos los atributos de Dios son uno los unos con los otros, al ser todos uno con su esencia (cf. I, 3, 7).

[26] Cf. la máxima de Lord Acton: «Todo poder tiende a corromper, y el poder absoluto corrompe de manera absoluta». Sólo Dios es incorruptible.

aversión natural hacia ella; no porque en el poder humano esté el bien supremo.

ARTÍCULO 5

¿Consiste la bienaventuranza del hombre en algún bien del cuerpo?[27]

Objeciones por las que parece que la bienaventuranza del hombre consiste en los bienes del cuerpo:

1. Dice Eclo 30, 16: *No hay tesoro mayor que la salud del cuerpo*[28]. Pero la bienaventuranza consiste en lo mejor. Luego consiste en la salud del cuerpo.

[...]

En cambio, el hombre aventaja a todos los demás animales en la bienaventuranza. Pero muchos animales le superan en los bienes del cuerpo, como el elefante en longevidad, el león en fuerza, el ciervo en velocidad[29]. Luego la bienaventuranza del hombre no consiste en los bienes del cuerpo.

Solución. *Hay que decir:* Es imposible que la bienaventuranza del hombre consista en los bienes del cuerpo, por dos razones. La primera, porque es imposible que el último fin de una cosa,

---

[27] Al placer se hace referencia en el artículo 6 y no en el correspondiente a los «bienes del cuerpo» (5) porque Santo Tomás entiende por «bien del cuerpo» aquello que es objetivamente bueno para el cuerpo —fundamentalmente la salud— en lugar de los sentimientos subjetivos de disfrute.

[28] Por citar otra máxima más: «Quien tiene salud lo tiene todo». La plétora de máximas relacionadas con esta cuestión muestra que es un tema sobre el que ha meditado la mayoría de los hombres; de hecho, es probable que ésta sea la pregunta más popular de las que se hacen los filósofos, dado que es la más práctica para todo el mundo.

[29] Y así, un paseo por el zoo demuestra que el *summum bonum* del hombre no son los bienes del cuerpo. El argumento es extrínseco y no revela la verdadera razón, como sí hace el «hay que decir», pero el argumento es válido. La primera premisa dice que podemos ser más verdadera y profundamente felices que cualquier animal. ¿Qué simio es capaz de enamorarse (algo distinto de la lujuria), o llorar de alegría ante una pieza sinfónica? Esto pone también de manifiesto la diferencia entre la felicidad y la satisfacción: cuanto más inferior es el animal, más simplemente satisfecho. Las babosas se satisfacen más que los gatos, y los gatos más que los seres humanos.

que tiene otra como fin, sea su propia [simple] conservación en el ser. Así, el comandante de una nave no busca como último fin la conservación de la nave que tiene encomendada, porque el fin de la nave es otra cosa, navegar[30]. Ahora bien, el hombre ha sido entregado a su voluntad y razón para que lo gobiernen, lo mismo que se entrega una nave a su comandante, como dice Eclo 15, 14: *Dios hizo al hombre desde el principio y lo dejó en manos de su criterio.* Pero es claro que el hombre tiene un fin distinto de él mismo, pues el hombre no es el bien supremo[31]. Por tanto, es imposible que el último fin de la razón y de la voluntad humana sea la conservación del ser humano.

La segunda, porque no se puede decir que el fin del hombre sea algún bien del cuerpo, aunque se conceda que el fin de la razón y de la voluntad humana es la conservación del ser humano. Porque el ser del hombre consta de alma y de cuerpo y, aunque el ser del cuerpo depende del alma, el ser del alma no depende del cuerpo, como se ha demostrado antes (1 q.75 a.2; q.76 a.1 ad 5, 6; q.90 a.2 ad 2); además, el cuerpo existe por el alma, como la materia por la forma y los instrumentos por el motor, para que con ellos realice sus acciones. Por tanto, todos los bienes del cuerpo se ordenan a los del alma como a su fin[32]. En consecuencia, es imposible que la bienaventuranza, que es el fin último del hombre, consista en los bienes del cuerpo.

Respuesta a las objeciones: 1. *A la primera hay que decir.* Los bienes exteriores tienen como fin al cuerpo, lo mismo que el cuerpo al alma. Y, por eso, igual que el bien del alma es preferible a los del cuerpo, el bien del cuerpo es preferible, con toda razón, a los bienes exteriores, que son los señalados con la palabra *tesoro*[33].

[...]

---

[30] Por «navegar» Santo Tomás no entiende tan sólo el hecho de consultar las cartas de navegación, sino «surcar el mar» realmente.

[31] Cf. el artículo 7 para una demostración de este argumento.

[32] En contraste con Hobbes o con cualquier materialista, para quienes lo inverso es verdadero: el alma es un mero siervo del cuerpo. Hobbes dice que la razón es «el explorador que trabaja para los sentidos».

[33] Estos ocho artículos están organizados de manera jerárquica, una escala de valores, lo cual no obedece a una simple cuestión de preferencias personales de Santo

ARTÍCULO 6

¿La bienaventuranza del hombre consiste en el placer?

Objeciones por las que parece que la bienaventuranza del hombre consiste en el placer:

1. Por ser la bienaventuranza el fin último, no se la desea por otra cosa, sino que las demás cosas se desean por ella. Pero esto es lo más propio de la delectación, *pues es ridículo preguntarle a uno por qué quiere deleitarse,* como se dice en X *Ethic.* Por tanto, la bienaventuranza consiste principalmente en el placer y la delectación [cf. nota 11].

[...]

3. Además, parece que lo mejor es el deseo del bien, de aquello que todos desean. Pero todos desean la delectación[34], tanto los sabios como los necios, incluso los que carecen de razón. Luego la delectación es lo mejor.

En cambio, dice Boecio en III *De consol.*: *Quien quiera recordar sus liviandades, comprenderá el triste resultado* [por lo general] *de los placeres. Si pudieran proporcionar la felicidad, nada impediría que las bestias fueran bienaventuradas*[35].

Solución. *Hay que decir:* Las delectaciones corporales, por ser las que conoce más gente, acaparan el nombre de placeres, como se dice en VII *Ethic.*, aunque hay delectaciones mejores[36].

Tomás. Tal jerarquía objetiva es una necesidad práctica para toda elección moral inteligente, dado que la mayoría de las elecciones no se dirimen entre el bien y el mal, sino entre dos bienes en competencia.

[34] Cf. II-II, 35, 4, respuesta a la segunda objeción: «Nadie puede permanecer largo tiempo en tristeza sin placer [ ] Quienes no pueden gozar de las delicias espirituales se enfangan en las del cuerpo».

[35] Otra indicación de lo alejados que se hallaban los antiguos de los modernos en lo referente a la felicidad: si el significado de *eudaimonia* o *makarios* (en griego), o bien de *felicitas* o *beatitudo* (en latín) fuese el de meros sentimientos de satisfacción, este argumento resultaría ininteligible.

[36] Tal y como apuntó Platón en el libro 9 de la *República*, todos aquellos que han experimentado tanto los mayores placeres corporales como los mayores placeres espirituales coinciden en el testimonio que dan acerca de los resultados de esta doble experiencia: que el alma es capaz de experimentar un placer mucho mayor que el

Pero tampoco en éstas consiste propiamente la bienaventuranza, porque en todas las cosas hay que distinguir lo que pertenece a su esencia y lo que es su accidente propio; así, en el hombre, es distinto ser [por esencia] animal racional que ser [por accidente (universal y necesario) propio] risible [capaz de reírse]. Según esto, hay que considerar que toda delectación es un accidente propio que acompaña a la bienaventuranza o a alguna parte de ella, porque se siente delectación cuando se tiene un bien que es conveniente, sea este bien real, esperado o al menos recordado. Pero un bien conveniente, si es además perfecto, se identifica con la bienaventuranza del hombre; si, en cambio, es imperfecto, se identifica con una parte próxima, remota o al menos aparente, de la bienaventuranza. Por lo tanto, es claro que ni siquiera la delectación que acompaña al bien perfecto es la esencia misma de la bienaventuranza, sino algo que la acompaña como accidente[37].

[...]

Respuesta a las objeciones: 1. *A la primera hay que decir*: [...] la delectación [...] es el sosiego del apetito en el bien; [...] Por eso, igual que el bien se desea por sí mismo, la delectación es también deseada por sí misma, si *por* indica causa final. Pero si indica causa formal [...] entonces la delectación es apetecible por otra cosa: por el bien, que es su objeto [...] y quien le da forma, pues se apetece la delectación precisamente por ser el descanso en un bien deseado.

[...]

cuerpo (y también es capaz de experimentar un sufrimiento mucho mayor). Todo aquel que pone esto en duda simplemente demuestra carecer de experiencia y no se halla en posición de juzgar.

[37] La esencia es la causa del accidente, y la causa no puede ser idéntica al efecto. Es por el hecho de ser una figura plana y cerrada de tres lados *por lo que* un triángulo ha de tener 180° en sus ángulos interiores. Un hombre puede reír, rezar, cantar, etcétera, *porque* es un animal racional. Y es porque el hombre posee realmente su bien conveniente, su fin, que éste se deleita y regocija. El placer es *causado* por el bien, o por parte del bien, o por un bien recordado o esperado, o un bien aparente; por tanto, el placer no es el bien en sí mismo. Hemos hallado un efecto concreto del *summum bonum* —siempre causará gozo—, pero no hemos encontrado aún el *summum bonum* propiamente dicho.

3. *A la tercera hay que decir:* Todos desean la delectación del mismo modo que desean el bien; sin embargo, desean la delectación en razón del bien, y no al contrario, como se acaba de decir (ad 1). Por tanto, no se sigue que la delectación sea el bien máximo y esencial, sino que acompaña al bien, y una delectación determinada, al bien que es el máximo y esencial.

Artículo 7

¿La bienaventuranza del hombre consiste en algún bien del alma?

Objeciones por las que parece que la bienaventuranza consiste en algún bien del alma:

[…]

3. Además, la perfección es algo del sujeto que se perfecciona. Pero la bienaventuranza es una perfección del hombre. Luego la bienaventuranza es algo del hombre. Pero no es algo del cuerpo, como se demostró (a.5). Luego la bienaventuranza es algo del alma. Y así, consiste en bienes del alma.

En cambio, como dice Agustín en el libro *De doctr. christ.,* debe ser amado por sí mismo aquello en que consiste la vida bienaventurada. Pero no debemos amar al hombre por sí mismo, sino que cuanto hay en el hombre debemos amarlo por Dios[38]. En consecuencia, la bienaventuranza no consiste en ningún bien del alma.

Solución. *Hay que decir:* Como se dijo más arriba (q.1 a.8), se llama fin a dos cosas: a la cosa misma que deseamos alcanzar, y a su uso, consecución o posesión. Por tanto, si hablamos del fin último del hombre refiriéndonos a la cosa misma que deseamos como fin último, entonces es imposible que el fin último

---

[38] Santo Tomás no se refiere a que el hombre sea un medio que ha de ser utilizado en lugar de un fin que ha de ser amado, sino que la razón última por la cual el hombre ha de ser amado no es el propio hombre, sino Dios. Pues Dios es 1) la causa formal ejemplar del hombre: el hombre está hecho a imagen y semejanza de Dios. Uno ama la imagen a causa del original, y no al revés. 2) Dios es la primera causa eficiente del hombre, su Creador. 3) Dios es también la causa final del hombre, el *summum bonum,* o fin último, y no al revés.

del hombre sea su misma alma o algo de ella; porque el alma, considerada en sí misma, es como existente en potencia, pues de ser sabia en potencia pasa a ser sabia en acto, y de ser virtuosa en potencia a serlo en acto. Pero es imposible que lo que en sí mismo es existente en potencia tenga razón de último fin, porque la potencia existe por el acto, como por su complemento. Por eso es imposible que el alma sea el último fin de sí misma[39].

[...]

Pero, si hablamos del fin último del hombre en el sentido de la consecución, posesión o uso de la cosa misma que se apetece como fin, entonces algo del hombre, por parte del alma, pertenece al último fin, porque el hombre consigue la bienaventuranza mediante el alma. Por tanto, la cosa misma que se desea como fin es aquello en lo que consiste la bienaventuranza y lo que hace al hombre bienaventurado. Pero se llama bienaventuranza a la consecución de esta cosa. Luego hay que decir que la bienaventuranza es algo del alma; pero aquello en lo que consiste la bienaventuranza es algo exterior al alma.

Respuesta a las objeciones: [...] 3. *A la tercera hay que decir:* La bienaventuranza misma, por ser una perfección del alma, es un bien inherente al alma; pero aquello en lo que consiste la bienaventuranza, es decir, lo que hace bienaventurado, es algo exterior al alma, como acabamos de decir (a.7).

ARTÍCULO 8

¿La bienaventuranza del hombre consiste en algún bien creado?

Objeciones por las que parece que la bienaventuranza del hombre consiste en algún bien creado:

[...]

3. Además, lo que calma [satisface] el deseo natural del hombre es lo que le hace bienaventurado. Pero el deseo natural

---

[39] Si el alma fuese su propio fin, esto sería como si una flecha disparada fuese su propia diana.

del hombre no llega hasta un bien mayor que el que pueda recibir[40]. Por tanto, parece que el hombre pueda llegar a ser bienaventurado por algún bien creado, pues no es capaz de un bien que supere los límites de toda la creación[41]. Y así, la bienaventuranza del hombre consiste en algún bien creado.

En cambio esta lo que dice Agustín en el XIX *De civ. Dei: La vida bienaventurada del hombre es Dios, como la vida de la carne es el alma*; por eso se dice (Sal 143, 15): *Dichoso el pueblo cuyo Dios es el Señor.*

Solución. *Hay que decir.* Es imposible que la bienaventuranza del hombre esté en algún bien creado. Porque la bienaventuranza es el bien perfecto que calma [satisface] totalmente el apetito, de lo contrario no sería fin último si aún quedara algo apetecible. Pero el objeto de la voluntad, que es el apetito humano, es el bien universal. Por eso está claro que sólo el bien universal puede calmar la voluntad del hombre[42]. Ahora bien, esto no se encuentra en algo creado, sino sólo en Dios, porque toda criatura tiene una bondad participada. Por tanto, sólo Dios puede llenar la voluntad del hombre, como se dice en Sal 102, 5: *El que colma de bienes tu deseo.* Luego la bienaventuranza del hombre consiste en Dios solo.

Respuesta a las objeciones: [...] 3. *A la tercera hay que decir.* El bien creado no es menor que el bien del que el hombre es capaz, como cosa intrínseca e inherente; sin embargo, es menor que el bien del que el hombre es capaz como objeto, que es infinito. Pero el bien del que participan el ángel y todo el universo es un bien finito y contracto.

---

[40] Santo Tomás, siguiendo a San Agustín, está en desacuerdo con esta premisa (cf. *Confesiones* 1, 1: «Tú nos has hecho para Ti, y no hallan quietud nuestros corazones hasta que descansan en Ti». Ya se le llame deseo natural o se le llame deseo sobrenatural, existe en nosotros un inherente deseo de Dios.

[41] Otra máxima: «Conócete a ti mismo; a Dios no pretendas conocer. Lo que debe estudiar la humanidad es el hombre» (Alexander Pope, *An Essay on Man*). C. S. Lewis responde: «Lo que debe estudiar la humanidad es todo».

[42] N.B.: Santo Tomás no habla de *bondad* universal, sino de *bien* universal. Podría llamarse a Dios un «universal concreto» más que un universal abstracto o un particular concreto.

CUESTIÓN 5

Sobre el bien en general[43]

ARTÍCULO 6

¿Es o no es adecuado dividir el bien en honesto, útil y deleitable?[44]

[...]

Solución. *Hay que decir:* [...] Así, lo que es apetecido como medio para conseguir el fin último de la tendencia del apetito, se llama *útil;* y lo que es apetecido como fin último de la tendencia del apetito, se llama *honesto,* porque se llama honesto a aquello que es apetecido por lo que es. Aquello en lo que termina la tendencia del apetito, es decir, la consecución de lo buscado, es el *deleite.*

[...]

---

[43] Esta cuestión es preliminar a la de la bondad de Dios (cuestión 6). La bondad es una de las propiedades «trascendentales» o universales de todo ser: todo cuanto existe es algo, es uno, es bueno, es verdadero y es bello.

[44] «Honesto» (*bonum honestum*) significa lo correcto, lo intrínsecamente valioso, lo conveniente y apropiado. La tesis de que sólo hay estos tres tipos de bien es radical y práctica, pues supone que sólo hay tres razones por las cuales alguien debería hacer algo: porque es virtuoso en sentido moral, necesario en la práctica, o divertido. ¿Cuánto de todo lo que hacemos no sería bueno según esta norma? (por ejemplo, hacer algo sólo porque «todo el mundo lo hace», o porque es «lo que se espera» de uno). La clasificación del bien de Santo Tomás es una justificación filosófica de una maravillosa simplificación de nuestras vidas.

CUESTIÓN 48

Sobre la diversificación de las cosas en especial

ARTÍCULO 6

¿Qué tiene más razón de mal: la pena o la culpa?

[...]

En cambio, un artífice sabio permite el mal menor para evitar el mayor[45]. Ejemplo: el médico amputa un miembro para que no se corrompa todo el cuerpo. Pero la sabiduría de Dios impone la pena para evitar la culpa. Por lo tanto, la culpa es un mal mayor que la pena.

Solución. *Hay que decir:* La culpa tiene más razón de mal que la pena. Y no sólo que la pena sensible, que consiste en la privación de bienes corporales, tal como entienden muchos las penas, sino también más que la pena tomada en toda su extensión, esto es, en cuanto que las penas son una determinada privación de la gracia y de la gloria[46]. Esto es así por dos motivos:

[45] Con esto, lo que está diciendo Santo Tomás no es que sea sabio o sea bueno infligir el mal menor para prevenir uno mayor (pues esto nunca es necesario; nuestros propios males se previenen por medio de nuestras propias decisiones, y los males de los demás son los males de los demás, no los nuestros), sino que a veces es bueno y sabio infligir el *tipo* menor de mal, dolor, etcétera, para evitar el tipo mayor de mal. De esta forma, el castigo, que ha de ser doloroso de algún modo, puede ser moralmente bueno si es merecido y además va dirigido a apartar al castigado de futuros males. El principio del «mal menor» significa 1) que a menudo tenemos que tolerar o permitir el mal menor para prevenir el mayor, y 2) que a veces hemos de infligir el menor *tipo* de mal para evitar el mayor, pero no 3) que debamos cometer pecadillos para evitar cometer grandes pecados.

[46] Por tanto, el pecado (el mal) es un mal aún mayor que su castigo (la privación de la vida de Dios en el alma, que en esta vida está presente de manera imperfecta por la gracia, y en la venidera de manera perfecta por la gloria). En otras palabras, el peor mal no es el Infierno, sino el pecado. La conclusión quizá resulte sorprendente para nuestra sensibilidad, pero queda demostrada para nuestra razón.

1) *Primero*, porque a partir del mal de culpa se hace alguien malo, no a partir del mal de pena. Así, Dionisio en c.4 *De Div. Nom.* dice: *Castigar no es malo, sino el hacerse acreedor a la pena.* Esto es así porque, comoquiera que el bien en sentido absoluto consiste en el acto y no en la potencia, el último acto es la operación o el uso de cualquiera de las cosas que se posee. El bien del hombre se considera, en sentido absoluto, que está en la correcta operación o en el buen uso de las cosas que se poseen. Utilizamos todas las cosas según la voluntad. Si es por buena voluntad, con la que el hombre utiliza bien lo que posee, se dice que es un hombre bueno. Si es por mala, es llamado malo. Pues quien tiene mala voluntad puede utilizar mal incluso el bien que tiene. Ejemplo: un lingüista puede hablar, si quiere, incorrectamente. Por lo tanto, porque la culpa consiste en el desordenado acto de la voluntad y la pena en la privación de alguna de aquellas cosas que utiliza la voluntad, la culpa contiene una mayor razón de mal que la pena[47].

2) *Segundo*, porque Dios, que es el autor del mal de pena, no es el autor del mal de culpa. Esto es así porque el mal de pena priva de bien a la criatura, ya se tome el bien de la criatura como algo creado (la ceguera priva la vista), ya se tome el bien como algo increado (la ausencia de la visión divina priva a la criatura de un bien increado). En cambio, el mal de culpa se opone propiamente al mismo bien increado, porque va contra el cumplimiento de la voluntad divina y del amor divino con el que el bien divino se ama en sí mismo; y no sólo en cuanto que es participado por la criatura. Así pues, resulta evidente que la culpa contiene mayor razón de mal que la pena[48].

---

[47] Santo Tomás incluye aquí ese discernimiento moral de Sócrates tan fundamental: que es mejor sufrir el mal que hacerlo; y ese otro de Kant: que el corazón del bien (Kant habla del *único* bien intrínseco) es una buena voluntad.

[48] Hay más mal en oponerse al bien increado (el propio Dios) que en verse privado de Él de manera pasiva.

CUESTIÓN 61

Sobre las virtudes cardinales

ARTÍCULO 2

¿Son cuatro las virtudes cardinales?

[...]

En cambio está la afirmación de San Gregorio, en el libro II *Moral.: Toda la estructura del bien obrar se levanta sobre cuatro virtudes.*

Solución. *Hay que decir:* El número de determinadas cosas puede tomarse, bien atendiendo a los principios formales, bien a los sujetos en que se dan. De uno y otro modo resultan ser cuatro las virtudes cardinales[49]. Efectivamente, el principio formal de la virtud, de la que ahora hablamos, es el bien de la razón. Y éste puede considerarse de dos modos. Uno, en cuanto que consiste en la misma consideración de la razón, y así habrá una virtud principal, que se llama *prudencia* [sabiduría práctica]. De otro modo, en cuanto que el orden de la razón se realiza en alguna otra cosa; bien sean las operaciones, y así resulta la *justicia*; bien sean las pasiones, y así es necesario que existan dos virtudes, porque es necesario poner el orden de la razón en las pasiones, habida cuenta de su repugnancia a la razón, que se manifiesta de dos modos: uno, en cuanto que la pasión impulsa a algo contrario a la razón; y así es necesario que la pasión sea

---

[49] Esto se le da muy bien a Santo Tomás: proporcionar un esbozo teórico a modo de trasfondo para explicar y justificar alguna enumeración tradicional. En las sociedades tradicionales hallamos casi siempre listas numéricas simples (los cinco tesoros, los doce pasos de la iniciación mística, etcétera). Los griegos y los medievales elevaron el concepto de orden a un nivel superior de abstracción respecto de las simples listas. La modernidad tiende a ver todo este orden tradicional como una imposición de la mente, en gran medida a causa de la «revolución copernicana» de Kant y, tanto en cuanto que están históricamente relacionados, en gran medida a causa del historicismo de Hegel.

reprimida, de donde le viene el nombre a la *templanza* [moderación, autocontrol]; de otro modo, en cuanto que la pasión retrae de realizar lo que la razón dicta[50], como es al temor de los peligros y de los trabajos, y así es necesario que el hombre se afiance en lo que dicta la razón para que no retroceda, de donde le viene el nombre a la *fortaleza* [valor].

De modo parecido resulta el mismo número atendiendo al sujeto[51], pues el sujeto de la virtud, de la que hablamos ahora, es cuádruple, a saber: el que es racional por esencia, al que perfecciona la *prudencia;* y el que es racional por participación[52], que se divide en tres: la voluntad, que es el sujeto de la *justicia*; el apetito concupiscible [que desea], que es el sujeto de la *templanza*; y el apetito irascible [que huye], que es el sujeto de la *fortaleza*.

---

[50] Nótese cómo la clasificación de Santo Tomás de las cuatro virtudes se encuentra determinada por la relación de éstas con la razón. Esto resulta sorprendente tan sólo si nos olvidamos de que Santo Tomás entendía por «razón» no sólo el razonamiento, sino también el conocimiento de la realidad, el entendimiento de lo verdadero.

[51] Un *sujeto* de la virtud es aquello a lo cual la virtud es inherente. Lo que *posee* la virtud.

[52] Es decir, participar de la razón obedeciendo a la razón igual que una flecha disparada participa del plan, el fin y el entendimiento del arquero.

CUESTIÓN 62

Sobre las virtudes teológicas

ARTÍCULO 3

¿Son la fe, la esperanza y la caridad adecuadamente las virtudes teológicas?

Objeciones por las que parece que la fe, la esperanza y la caridad no es la enumeración adecuada de las virtudes teológicas.
[…]
2.   Las virtudes teológicas son más perfectas que las virtudes intelectuales y morales. Pero entre las virtudes intelectuales no se señala la fe, que es algo menos que virtud, por ser un conocimiento imperfecto. De modo parecido, tampoco entre las virtudes morales se señala la esperanza, que es algo menos que virtud, por ser una pasión. Luego mucho menos deben señalarse como virtudes teológicas.
[…]
En cambio, dice San Pablo, 1 Cor 13, 13: *Ahora permanecen la fe, la esperanza, la caridad; estas tres.*
Solución. *Hay que decir:* Según queda dicho (a.1), las virtudes teológicas ordenan al hombre a la bienaventuranza sobrenatural al modo como la inclinación natural. Pero esto […] [es insuficiente] en orden a la bienaventuranza sobrenatural según aquello de 1 Cor 2, 9: *Ni el ojo vio, ni el oído oyó, ni vino a la mente del hombre lo que Dios ha preparado para los que le aman.* Fue, pues, necesario que […] el hombre fuese sobrenaturalmente dotado para ordenarlo al fin sobrenatural. Y así, primeramente, en cuanto al entendimiento, se dota al hombre de ciertos principios sobrenaturales conocidos por la luz divina: son las verdades que creer, sobre las que versa la fe. En segundo lugar, la voluntad se ordena a aquel fin, en cuanto al movimiento de intención, que tiende a él como a algo que es posible conseguir, lo cual pertenece a la esperanza; y en cuanto a cierta unión espiritual,

por la que se transforma de algún modo en aquel fin, lo cual se realiza por la caridad […].

Respuesta a las objeciones: […] 2.   *A la segunda hay que decir:* La fe y la esperanza importan cierta imperfección, porque la fe es de lo que no se ve, y la esperanza es de lo que no se posee. De ahí el que tener fe y esperanza de las cosas que caen bajo el poder humano no alcance la condición de virtud. Pero tener fe y esperanza de las cosas que están por encima de la facultad de la naturaleza humana, excede toda virtud proporcionada al hombre, según aquello de 1 Cor 1, 25: *La flaqueza de Dios es más poderosa que los hombres.*

   […]

CUESTIÓN 91

De las distintas clases de leyes

ARTÍCULO 1

¿Existe una ley eterna?

[...]

Solución. *Hay que decir.* Como ya expusimos (q.90 a.1 ad 2; a.3.4), la ley no es otra cosa que un dictamen de la razón práctica existente en el príncipe que gobierna una comunidad perfecta [completa]. Pero, dado que el mundo está regido por la divina providencia, como expusimos en la *Parte I* (q.22 a. 1.2), es manifiesto que toda la comunidad del universo está gobernada por la razón divina. Por tanto, el designio mismo de la gobernación de las cosas que existe en Dios como monarca del universo tiene naturaleza de ley. Y como la inteligencia divina no concibe nada en el tiempo, sino que su concepto es eterno, según se dice en Prov 8, 23, síguese que la ley en cuestión debe llamarse eterna.

[...]

ARTÍCULO 2

¿Existe en nosotros una ley natural?

[...]

En cambio está lo que, a propósito de las palabras de Rom 2, 14: *Los gentiles, que no tienen ley* [la de Moisés], *cumplen naturalmente los preceptos de la ley*, comenta la *Glosa: Aunque no tienen ley escrita, tienen, sin embargo, la ley natural, mediante la cual cada uno entiende y es consciente de lo que es bueno y de lo que es malo.*

Solución: *Hay que decir.* Siendo la ley regla y medida, puede, como ya se ha dicho (q.90 ad 1), existir de dos maneras: tal como se encuentra en el principio regulador y mensurante, y

tal como está en lo regulado y medido. Ahora bien, el que algo se halle medido y regulado se debe a que participa de la medida y regla. Por tanto, como todas las cosas que se encuentran sometidas a la divina providencia están reguladas y medidas por la ley eterna, según consta por lo ya dicho (a.1), es manifiesto que participan en cierto modo de la ley eterna, a saber, en la medida en que, bajo la impronta de esta ley, se ven impulsados a sus actos y fines propios. Por otra parte, la criatura racional se encuentra sometida a la divina providencia de una manera muy superior a las demás, porque participa de la providencia como tal, y es providente para sí misma y para las demás cosas. Por lo mismo, hay también en ella una participación de la razón eterna en virtud de la cual se encuentra naturalmente inclinada a los actos y fines debidos. Y esta participación de la ley eterna en la [propia naturaleza de la] criatura racional es lo que se llama ley natural. De aquí que el Salmista (Sal 4, 6), tras haber cantado: *Sacrificad un sacrificio de justicia*, como si pensara en los que preguntan cuáles son las obras de justicia, añade: *Muchos dicen: ¿quién nos mostrará el bien?* Y responde: *La luz de tu rostro, Señor, ha quedado impresa en nuestras mentes*, como diciendo que la luz de la razón natural, por la que discernimos entre lo bueno y lo malo —que tal es el cometido de la ley—, no es otra cosa que la impresión de la luz divina en nosotros. Es, pues, patente que la ley natural no es otra cosa que la participación de la ley eterna en la criatura racional[53].
[…]

ARTÍCULO 3

¿Existe una ley humana?

[…]
Solución. *Hay que decir:* La ley, como ya expusimos (q.90 a.1 ad 2), es un dictamen de la razón práctica. Ahora bien, el pro-

---

[53] Así, la voz de la conciencia (la razón natural que juzga el bien y el mal) es el eco de la voz de Dios, y es por tanto sagrada e inviolable.

ceso de la razón práctica es semejante al de la especulativa, pues una y otra conducen a determinadas conclusiones partiendo de determinados principios, según vimos arriba (ib.). De acuerdo con esto, debemos decir que, así como en el orden especulativo partimos de los principios indemostrables[54] naturalmente conocidos para obtener las conclusiones de las diversas ciencias, cuyo conocimiento no nos es innato, sino que lo adquirimos mediante la industria de la razón, así también, en el orden práctico, la razón humana ha de partir de los preceptos de la ley natural como de principios generales e indemostrables, para llegar a sentar disposiciones más particularizadas. Y estas disposiciones particulares descubiertas por la razón humana reciben el nombre de leyes humanas[55] […].

ARTÍCULO 4

¿Era necesaria la existencia de una ley divina?[56]

[…]

Solución. *Hay que decir:* Además de la ley natural y de la ley humana, era necesario para la dirección de la vida humana contar con una ley divina. Y esto por cuatro razones.

Primera, porque […] el hombre está ordenado al fin de la bienaventuranza eterna […].

---

[54] Los axiomas teóricos evidentes por sí mismos, como la ley de no contradicción. También hay axiomas prácticos evidentes por sí mismos, tanto generales («haz el bien, evita el mal») como específicos («sé justo»). Éstos son los «preceptos de la ley natural», la cual, dado que se halla en nuestra naturaleza, es así naturalmente *conocida*, exactamente igual que lo son los primeros principios teóricos.

[55] La «ley humana» es una «ley positiva», postulada (hecha) por el hombre. El positivismo moral reduce toda ley moral a esto, y niega la ley eterna y la ley natural. Un filósofo podría admitir la ley natural sin admitir la ley eterna, dado que se puede conocer el efecto sin conocer la causa. Por tanto, el debate entre el positivismo legal y la ley natural no depende sólo de si se admite a Dios o no. Santo Tomás estaría en desacuerdo con el dicho de Dostoievski: «Si Dios no existe, todo está permitido».

[56] La ley divina es esa parte de la ley eterna que Dios dio a conocer por medio de una especial revelación.

Segunda, [...] la incertidumbre de los juicios humanos [...].

Tercera, porque [...] el juicio del hombre nada puede decir acerca de los movimientos interiores, que están ocultos [...].

Cuarta, porque [...] la ley humana no puede castigar o prohibir todas las acciones malas [...].

CUESTIÓN 94

De la ley natural

ARTÍCULO 5

¿Puede cambiar la ley natural?

[...]

Solución. *Hay que decir:* El cambio de la ley natural puede concebirse de dos maneras. Primero, porque se le añade algo. Y en tal sentido nada impide que la ley natural cambie, pues de hecho son muchas las disposiciones útiles para la vida humana que se han añadido a la ley natural, tanto por la ley divina como, incluso, por las leyes humanas[57].

En segundo lugar, cambiaría la ley natural por vía de sustracción, es decir, porque algo que antes era de ley natural deja de serlo. En este sentido, la ley natural es completamente inmutable en lo que se refiere a los primeros principios de la misma. Mas en lo tocante a los preceptos secundarios, que, según dijimos (a.4), son como conclusiones más determinadas derivadas inmediatamente de los primeros principios, [...] puede cambiar en algunos casos particulares y minoritarios por motivos especiales, que impiden la observancia de tales preceptos, según lo ya dicho (a.4).

[...]

---

[57] Por ejemplo, las Bienaventuranzas y los «consejos evangélicos» del Nuevo Testamento son un añadido significativo a la ley antigua; o la obligación de votar en una democracia moderna, que no había en la antigua monarquía.

SUMA TEOLÓGICA MÍNIMA   169

ARTÍCULO 6

¿Puede la ley natural ser abolida en el corazón humano?

[...]

En cambio está lo que San Agustín dice en II *Confess.*: *Tu ley ha sido escrita en los corazones de los hombres, donde ninguna iniquidad la puede borrar.* Pero la ley escrita en los corazones de los hombres es la ley natural. Luego la ley natural no puede ser suprimida.

Solución. *Hay que decir:* Como ya expusimos (a.4.5), a la ley natural pertenecen, en primer lugar, ciertos preceptos comunísimos que son conocidos de todos, y luego, ciertos preceptos secundarios y menos comunes que son como conclusiones muy próximas a aquellos principios. Pues bien, en cuanto a los principios más comunes, la ley natural no puede en modo alguno ser borrada de los corazones de los hombres si se la considera en universal. Puede ser abolida[58], sin embargo, en algún caso concreto cuando, por efecto de la concupiscencia o de otra pasión, la razón se encuentra impedida para aplicar el principio general a un asunto particular, según ya expusimos (q.77 a.2). Mas en lo que toca a los preceptos secundarios, la ley natural puede ser borrada del corazón de los hombres [...] por costumbres depravadas y hábitos corrompidos, como en el caso de aquellos que no consideraban pecado el robo (cf. a.4) ni siquiera los vicios contra la naturaleza[59], como también dice el Apóstol en Rom 1, 24s [...].

---

[58] Es decir, el conocimiento de la ley moral, no la «rectitud» o su corrección objetiva.

[59] El mayor daño hecho por ese vicio es, de este modo, que ciega la razón para *conocer* siquiera el bien y el mal (cf. Jn 7, 17). Compárese con la alegre exhibición de seguridad que hay en la justificación del «vicio contra la naturaleza» que se hace hoy en día.

Títulos publicados y en preparación de la colección *Esenciales de la Filosofía*

1. **PENSAMIENTO ANTIGUO Y MEDIEVAL**

PLATÓN

— *Fedón*
Edición de F. L. Lisi
Traducción de L. Gil Fernández
978-84-309-3808-7 / 1246002

— *Los diálogos eróticos de Platón*
Edición de M. Garrido
Traducción de *El Banquete* de M. Sacristán
Traducción de *Fedro* de J. D. García Bacca
978-84-309-5819-1 / 1246512

ARISTÓTELES

— *Categorías y De Interpretatione.* Porfirio: *Isagoge*
Introducción, traducción y notas de Luis M. Valdés Villanueva
978-84-309-5605-0 /1246034

— *Ética a Nicómaco* (en preparación)
Edición de M. Garrido

2. Pensamiento moderno y contemporáneo

Hobbes, Thomas

— *Leviatán* (ed. abreviada) (en preparación)
Estudio preliminar, notas y traducción de P. Lomba

Descartes, René

— *Discurso del método y Meditaciones metafísicas*
Edición de O. Fernández Prat
Traducción de Manuel García Morente
978-84-309-3796-7 / 1246001

Pascal, Blaise

— *La máquina de buscar a Dios (Una Antología)*
Edición y traducción de G. Albiac
978-84-309-5923-5 / 1246038

Spinoza, Baruch

— *Ética demostrada según el orden geométrico*
Edición de G. Albiac y J. Vidal Peña
Traducción de J. Vidal Peña
978-84-309-4542-9 / 1246018

Hume, David

— *Investigación sobre el conocimiento humano. Investigación sobre los principios de la moral*
Edición de J. Salas Ortueta
Traducción de J. de Salas y G. López Sastre
978-84-309-4541-2 / 1246017

— *Diálogos sobre la religión natural*
Edición de M. Garrido Jiménez
Traducción de C. García Trevijano
978-84-309-4103-2 / 1246010

— *Ensayos morales y literarios*
Edición y traducción de E. Trincado Aznar
978-84-309-4696-9 / 1246021

SMITH, Adam

— *Una investigación sobre la naturaleza y causas de la riqueza de las naciones*
Edición de M. Montalvo
Traducción de C. Rodríguez Braun
978-84-309-4894-9 / 1246024

KANT, Immanuel

— *Crítica de la razón pura* (ed. abreviada)
Edición de J. J. García Norro y R. Rovira
Traducción de M. García Morente
978-84-309-3810-0 / 1246003

— *Fundamentación de la metafísica de las costumbres*
Edición de M. Garrido
978-84-309-4329-6 / 1246015

— *Crítica del Juicio*
Edición de R. Rovira Madrid y J. J. García Norro
Traducción de M. García Morente
978-84-309-4650-1 / 1246020

HEGEL, Georg Wilhelm Friedrich

— *Fenomenología del espíritu* (ed. abreviada) (en preparación)
Edición y traducción de X. Zubiri

— *Lecciones sobre la Filosofía de la Historia Universal*
Edición abreviada de S. Rus Rufino que contiene: Introducción
(General y Especial), Mundo Griego y Mundo Romano
Traducción de J. Gaos
978-84-309-4250-3 / 1246012

— *Filosofía del arte* (en preparación)
Edición de V. Rocco Lozano
Traducción de F. de la Fuente

SCHOPENHAUER, Arthur

— *Sobre el dolor del mundo, el suicidio y la voluntad de vivir* (en preparación)
Edición de M. Garrido
Traducción de C. García Trevijano

HEINE, Heinrich

— *Apunte para la Historia de la Filosofía y de la Religión en Alemania y otros ensayos* (en preparación)
Introducción, traducción y notas de M. Sacristán

MILL, John Stuart

— *Sobre la libertad*
Edición y traducción de C. Rodríguez Braun
978-84-309-4705-8 / 1246022

NIETZSCHE, Friedrich

— *Sobre verdad y mentira en sentido extramoral y otros fragmentos de filosofía del conocimiento*
Edición de M. Garrido
Traducción de L. M. Valdés, L. E. de Santiago Guervós, M. Garrido y T. Ordoña
978-84-309-5129-1 / 1246027

— *El nacimiento de la tragedia* (en preparación)
Edición de D. Sánchez Meca

— *Sabiduría para pasado mañana. Antología de «Fragmentos póstumos» (1869-1889)*, 2.ª ed.
Edición de D. Sánchez Meca

Traducción de J. Aspiunza, M. Barrios, J. Conill, J. B. Llinares, D.
Sánchez Meca, L. E. de Santiago Guervós y J. L.Vermal
978-84-309-4967-0 / 1246026

— *La Gaya Ciencia* (en preparación)
Edición de D. Sánchez Meca

— *La genealogía de la moral*
Edición de D. Sánchez Meca
Traducción de J. L. López y López de Lizaga
978-84-309-3954-1 / 1246007

3. PENSAMIENTO ACTUAL

RUSSELL, Bertrand

— *Caminos de libertad: Socialismo, anarquismo y comunismo*
Edición de R. A. Rempel
Traducción de M.ª Vázquez Guisán
978-84-309-5160-4 / 1246508

WEBER, Max

— *Selección de ensayos de sociología de la religión* (en preparación)
Edición abreviada de J. L.Villacañas
Traducción de Julio Carabaña

JASPERS, Karl

— *Los grandes filósofos. Vol. I: Los hombres decisivos: Sócrates, Buda, Confucio, Jesús*, 3.ª edición
Introducción de M. Garrido
Traducción de P. Simon
978-84-309-5818-4 / 1246036

HEIDEGGER, Martin

— *Tiempo y ser*, 5.ª edición
Introducción de M. Garrido

Traducción de M. Garrido, J. L. Molinuevo y F. Duque
978-84-309-5269-4 / 1246028

WITTGENSTEIN, Ludwig

— *Tractatus logico-philosophicus*, 4.ª ed.
Edición y traducción de L. M. Valdés Villanueva
978-84-309-5819-1 / 1246512

STRAUSS, Leo

— *Sin ciudades no hay filósofos* (en preparación)
El pensamiento vivo de Leo Strauss
Edición de Antonio Lastra y Raúl Miranda

4. PENSAMIENTO ESPAÑOL

SUÁREZ, Francisco

— *Disputaciones metafísicas*
Edición y selección de textos de F. León Florido y A. M.ª Carmen
Minecan
Presentación de S. Rábade Romeo
Estudio preliminar de F. León Florido

SANTAYANA, George

— *La vida de la razón o fases del progreso humano*
Edición de J. Beltrán Labrador
978-84-309-4251-0 / 1246013

— *Tres poetas filósofos. Lucrecio, Dante, Goethe*, 2.ª ed.
Edición de J. Ferrater Mora
978-84-309-5014-0 / 1246505

— *Diálogos en el limbo*,
Introducción de M. Garrido

Traducción de los diálogos I-VIII, XII y XIII de Carmen García
Trevijano
Traducción de los diálogos IX, X y XI de Daniel Moreno

UNAMUNO, Miguel

— *Del sentimiento trágico de la vida en los hombres y en los pueblos. Tratado
del Amor de Dios*
Edición de N. R. Orringer
978-84-309-4252-7 / 1246014

— *San Manuel Bueno, mártir*
Edición de Cirilo Flórez Miguel
978-84-309-5482-7 / 1246033

— *El pensamiento vivo de Unamuno* (en preparación)
Edición de Cirilo Flórez

ORTEGA Y GASSET, José

— *El tema de nuestro tiempo. Prólogo para alemanes*
Edición de D. Hernández Sánchez
978-84-309-3806-3 / 1246005

— *Las Atlántidas y otros textos antropológicos* (en preparación)
Edición de J. R. Carrasco Ruiz

— *La rebelión de las masas,* 3.ª ed.
Edición de D. Hernández Sánchez
978-84-309-5960 / 1246513

— *En torno a Galileo*
Edición de D. Hernández Sánchez
978-84-309-5606-7 / 1246035

ZUBIRI APALATEGUI, Xavier

— *Inteligencia sentiente*
Edición de F. González Posada
978-84-309-4107-0 / 1246009

— *El pensamiento vivo de Xavier Zubiri* (en preparación)
Edición de Diego Gracia

GARCÍA BACCA, David

— *El pensamiento vivo de García Bacca* (en preparación)
Edición de Carlos Beorlegui y Roberto Aretxaga

ZAMBRANO, María

— *Notas de un método*
EDICIÓN DE A. MAESTRE
978-84-309-5316-5 / 1246030

5. OBRAS DE VARIOS AUTORES

— *Desobediencia civil. Historia y antología de un concepto*
Edición de A. Lastra
978-84-309-5481-0 / 1246032

— *Diez pensamientos sobre el suicidio* (en preparación)
Edición de M. Garrido